U0446923

陈先达 臧峰宇 著

从历史深处走来
马克思主义哲学谈话录

河北出版传媒集团
河北人民出版社
石家庄

图书在版编目（CIP）数据

从历史深处走来：马克思主义哲学谈话录 / 陈先达，臧峰宇著. -- 石家庄：河北人民出版社，2022.1（2023.4重印）
ISBN 978-7-202-05745-2

Ⅰ. ①从… Ⅱ. ①陈… ②臧… Ⅲ. ①马克思主义哲学—研究 Ⅳ. ①B0-0

中国版本图书馆CIP数据核字(2022)第017886号

书　　　名	从历史深处走来——马克思主义哲学谈话录
	CONG LISHI SHENCHU ZOULAI MAKESIZHUYI ZHEXUE TANHUALU
著　　　者	陈先达　臧峰宇
策划编辑	王斌贤　荆彦周
责任编辑	段　鲲　董晶晶
美术编辑	王　婧
责任校对	余尚敏
出版发行	河北出版传媒集团　河北人民出版社
	（石家庄市友谊北大街330号）
印　　　刷	河北新华第一印刷有限责任公司
开　　　本	787毫米×1092毫米　1/16
印　　　张	13
字　　　数	117 000
版　　　次	2022年1月第1版　2023年4月第2次印刷
书　　　号	ISBN 978-7-202-05745-2
定　　　价	52.00元

版权所有　翻印必究

MULU | 目录

壹
马克思主义哲学时代化与历史深处的哲学心语

一、问题中的哲学：马克思主义时代化的问题意识 …… 004

二、在散步的路上：走向历史深处的哲学心语 …… 022

贰
以问题为导向的哲学探索与新时代哲学的现实关注

一、马克思主义哲学原理、思想史与现实问题研究 …… 038

二、新时代中国马克思主义哲学的现实关注 …… 054

叁
文化自信与新时代中国文化发展的哲学沉思

一、文化自信的历史传承与哲学内涵 …… 068

二、新时代中国文化发展的哲学沉思 …… 082

肆

文化的实践转化与制度文明的时代建构

一、从文化到文明的实践转化 ················ 103

二、制度文明的建构与民族复兴的制度保障 ········ 121

伍

历史科学的前提与历史思维的时代性

一、历史科学研究要以承认历史事实为前提 ········ 134

二、新时代的历史意识和历史思维 ············ 152

陆

学术自觉与马克思主义哲学中国化的百年探索

一、建党百年与马克思主义哲学中国化 ·········· 168

二、当代中国马克思主义哲学的实践逻辑 ········· 184

参考文献 ································ 197

后记 ·································· 200

壹

马克思主义哲学**时代化**与历史深处的**哲学心语**

臧峰宇： 陈老师，我最近重读《我的人生之路——陈先达自述》（简称《自述》），仍觉饶有兴味。您在这部思想自传中展示了很多珍贵的历史瞬间，其中青年时代的求学经历令人过目难忘。作为江西鄱阳湖管驿前渔村陈氏家族的第一个大学生，您的青年时代先后在复旦大学和中国人民大学读书，由历史学而入哲学，在马列主义研究班的三年学习，使您打下了马克思主义哲学原理和原著研究的根基。那时，苏联专家讲授《辩证唯物主义和历史唯物主义》，给您留下了深刻印象。中国学者编写马克思主义哲学教科书开始于20世纪50年代末，后来您也主编过《马克思主义哲学原理》和《马克思主义经典著作提要》这两部教材，担任过很多哲学教材的顾问。作为经历和见证中国马克思主义哲学教材编写史的学界耆宿，您如何看待马克思主义哲学原理和原著研究的关系问题，如何看待马克思主义哲学教科书的创新？

陈先达： 这是一个很重要也很难的问题。马克思主义哲学原理与原著研究有很大的区别，原著研究是规律性表述，具有相对的稳定性。所以，从苏联哲学教科书到《联共（布）党史简明教程》第四章第二节，到中国马克思主义哲学教科书，有很强的相关性，基本脉络是有相似性的。这有其客观原因，因为世界是物质的、矛盾是运动的、发展的，这些基本原理在任何马克思主义哲学教科书中都不会改变，变的是如何阐述。这也体现了马克思主义哲学和其他哲学的差别，西方哲学与中国哲学都不强调原理，柏拉图和黑格尔的看法不同，程朱理学和陆王心学虽然都属于新儒家，但是其哲学思想也不一样。黑格尔说，"哲学就是哲学史"，这句话概括了西方哲学的历程，但并不完全适用于马克思主义哲学。马克思主义哲学当然也有自己发展的历史，但马克思主义哲学基本原理得到的是创造性发展，而不是发展为完全不同的哲学体系。马克思主义哲学教科书的创新不仅坚持基本原理，而且以创造性态度对待基本原理。不是反对马克思主义哲学原理和方法论，而是反对马克思主义教条化思维，反对原理和方法论的教条化。现在仍然可以运用马克思主义哲学原理来解析社会生活中的很多矛盾和问题，这表明马克思主义哲学仍然有很强的解释能力，当然它要随时代的变化而发展。

（一）

问题中的哲学：马克思主义时代化的问题意识

臧峰宇：确实，马克思主义哲学对当今的社会现实问题仍有很强的解释力。笛卡尔出版过《哲学原理》，他试图将形而上学、物理学和伦理学思想熔为一炉，但这部《哲学原理》并未达成当时学界的普遍共识，后世哲学家也并未完全按这部《哲学原理》来阐释哲学问题，这与马克思主义哲学研究确实有很大的不同。您认为要改变对马克思主义哲学原理和方法论的教条化运用，这实际上反映了中国马克思主义哲学教科书编写者的努力。

陈先达：中国马克思主义哲学教科书的创新，实际上体现了马克思主义哲学原理与中国具体实际相结合，或者说体现了马克思主义哲学中国化的理论创新。这与笛卡尔的《哲学原理》不同，西方哲学家论述的"原理"各异其趣，马克思主义哲学原理是相对稳定的。运用原理进行哲学创新很重要，我不喜欢照本宣科，更在意自己对某个问题的想法。我尽可能直面问题，而不是绕开问题。我强调哲学研究的思想性，而不是单纯的知识性。我在中学时喜欢文学，特别是古典文学，也很敬佩说书艺人，文学是我终生的爱好，到复旦大学读书时学历史学，感受到历史学的学术气氛。后来到中国人民大学马列主义研究班学习，毕业后就进入了马克思主义哲学领域，我这一生的学术生涯主要是在研究和讲授马克思主义中度过的。

臧峰宇：您1953年到中国人民大学马列主义研究班哲学分班学习，1956年留校工作，中国人民大学哲学系正是在您留校这一年成立的。您曾在《自述》中对这段时光有过很多精彩的回忆，重现了那些阳光灿烂的日子。我听当年与您同班学习的林尚忻老师说过，当时领导和老师都很平易近人，同学关系融洽，学习气氛很浓，每次上课之后，大家都要讨论。您说过，这段时间是您和其他同班同学转向新时代的思想解放的狂飙时期，这听起来很令人神往。

陈先达：当时的学习气氛确实非常好，整天课程都是满满的。苏联专家巴尔道林和伊奥尼基给我们讲哲学课，彭明给我们讲中共党史课，张朝尊给我们讲政治经济学。给我们上课的很多老师都是华北大学培养的年轻教员。这个班是为新中国培养马列主义政治教员的，班里有两位大姐是老干部，也有个别调干生，绝大多数青年学生都是从各个大学毕业分配来的。学员们以前都不是学哲学的，基本上都没有哲学功底，李希凡和林尚忻原来是学文学的，汪永祥是学经济学的，李秀林是学教育学的，我是学历史学的。这是我的哲学启蒙阶段，我在这段时间读了点马克思主义哲学经典著作，主要是《反杜林论》《费尔巴哈论》《唯物主义和经验批判主义》和《哲学笔记》，虽然理解不深，但算是打下了研究马克思主义哲学的基础，可以说终身受益。

臧峰宇：您谈到过 20 世纪 70 年代几次在校外授课的经历，一次是在长安大戏院讲《反杜林论》，"三层的戏台，座无虚席……仿佛名角在唱戏"。一次是在中山公园音乐厅，"人头攒动，满满的。有北京市的干部，也有中央机关的干部，据说还有从外地赶来听课的"[1]。这种学习马克思主义哲学的热潮体现了一种具有历史特点的精神现象。通过学哲学、用哲学，很多人掌握了分析和思考社会与人生的合理思路与有效方法，进而实现了人生理想。要使马克思主义哲学更好地为人们所掌握，关键在于普及。

陈先达：当时来听课的人很多，我也不知道具体的人数，据说有上万人。我当时还到中国近代史研究所讲过《反杜林论》。普及马克思主义哲学意义重大，老百姓不懂现象学，但都知道什么是"矛盾"，都知道为什么要"实事求是"，这已经深入到人们的生活中了。毛泽东喜欢哲学，希望哲学成为人们改造世界的精神武器，倡导学哲学、用哲学，这产生过很大的影响。我说过，浅入浅出没水平，浅入深出低水平，深入浅出才是高水平。哲学研究无论多么强调专业性，也不至于弄到让人读不懂的程度。写出让人看不懂的东西，通常是没有消化哲学原著的结果，不能用中国语言表达世界的思想。哲学思想是深邃的，可讲授和书写的语言不一定非得深不可测。我想，只有用中国话讲清楚胡塞尔和海德格尔的思想，中国学生才会喜欢听。

臧峰宇：这与马克思主义哲学大众化的文化自觉有关。艾思奇的《大众哲学》对人们产生过深远的影响

---

[1] 陈先达：《我的人生之路——陈先达自述》，中国人民大学出版社2014年版，第131页。

力,结合这部作品的历史语境来理解艾思奇在战争年代普及唯物辩证法的表达方式,会有很深的教益。您多次引用康德这句话来说明哲学大众化的重要性:"缺乏通俗性是人们对我的著作所提出的一个公正的指责,因为事实上任何哲学著作都必须是能够通俗化的,否则,就可能是在貌似深奥的烟幕下,掩盖着连篇废话。"[1]马克思主义哲学要启蒙民众、改变世界,就必须在开展精深理论研究的同时促进哲学的大众化。您说过,不能流通的货币,票面价值再高也近乎废纸。我觉得哲学的小众化或贵族化可能遮蔽爱智慧的光芒,但哲学的大众化不是非哲学化,肤浅的思想不能实现哲学的普及,这归根结底要通过哲学传播的魅力来实现,而产生这种效力的前提是哲学自身的魅力,这里体现着一种辩证法。

陈先达: 有些西方哲学家注意到哲学普及的重要性,写出的作品并不晦涩难懂。我们都能看懂柏拉图的《对话集》,这比有些人用翻译式的西方语言讲述西方哲学更容易理解。哲学普及也与社会环境有关,由于全球化的市场经济导向,不仅哲学,整个人文学科都受到影响。自己正在从事的职业不一定是自己喜欢的,自己喜欢的不一定能自由选择,因为在市场经济条件下职业还具有谋生手段的性质。职业与兴趣爱好的结合是很理想的,这是很重要的问题。单纯考虑谋生问题,在职业中得不到任何乐趣,会产生职业疲劳,干一行怨一行。

[1] 李秋零编译:《康德书信百封》,上海人民出版社1992年版,第86页。

哲学研究是很艰苦的。哲学思考需要"坐冷板凳",需要有一种献身精神,与单纯的谋生有很大不同。哲学研究也很重要,人们的精神总要有个家园,有个安放之处。可以说哲学与宗教都是精神安放之处。在西方,宗教是个安放之处,人们把肉体交给市场,把精神交给教堂。我们不应该走这条路。我们强调发展经济、发展生产力、解决生活贫困的问题,同时要实现哲学精神和道德重建,解决精神贫困的问题。精神和道德的贫困在一定意义上比物质贫困更可怕。物质贫困导致的是生活低下,而精神贫困导致的是愚昧。哲学思想需要流通,文字是思想的载体,思想应当深刻,但文字应当平实易懂。语言晦涩可能是思想贫乏的表现,也可能是中文底子比较差的表现。哲学大众化不仅靠语言,还要实现内容与形式的统一,如果内容与形式都很浅薄,当然不能实现哲学的大众化。

臧峰宇:哲学大众化需要以喜闻乐见的语言来表达深邃的思想,晦涩的语言并不能解决思想贫乏的问题。您有很多富有深意的表述十分传神,比如"诗人不识渔人苦",这与一些白开水式的哲学普及完全不同。我觉得处理好哲学研究与哲学普及的关系很重要,哲学研究应当实现思想的厚重和深邃,哲学普及应当反映表达的通畅和生动。哲学研究要创造高质量的学术精品,而哲学普及要关注人们的所思所想,关注人们的生活和思想实际,通过通俗易懂的哲学传播来提升人们的学养。哲学的大众化归根结底要实现哲学在现实生活中的价值。

陈先达：这是可以做到的，但并不容易。毛泽东的《实践论》和《矛盾论》是两篇思想深邃的哲学论文，也是两篇语言通俗，能读能懂、易读易懂的哲学大众化的名篇。哲学研究必须以问题为导向。《实践论》和《矛盾论》都以中国共产党当时面临的问题为导向，实践与认识、知与行、矛盾与世界、矛盾与发展的关系都是哲学问题，可"两论"又不是抽象讨论纯哲学问题。既在哲学之中，又在哲学之外，这就是水平。我们研究马克思主义哲学必须以问题为导向，从哲学角度关注人们关心的问题，回应年轻人普遍关注的社会热点问题，而不要只做抽象的概念文章。比如要研究自由与发展的关系问题、职业与理想的关系问题、价值观问题，就要分析青年人任性、职业疲劳和不快乐的根源，倡导愉快和幸福的人生态度。

马克思主义哲学必须反思人的问题。与面向治国理政的"大用"相比较而言，这种对现实生活的反思是马克思主义哲学的"小用"，"小用"也很重要。不只是儒家强调修身，马克思主义哲学也强调修身。马克思主义不是道德哲学，但马克思主义包括道德和价值关怀，可以建立马克思主义伦理学。马克思主义关心人的问题，但不是抽象的人道主义。我说过治鱼和治水的差别：如果一条鱼生病了，当然要治鱼；如果一池鱼都病了，就要治水了。一个人的遭遇是自己的问题，多数人的遭遇是社会的问题，修身解决不了社会问题。道德不能救国，但可以用来教民。

臧峰宇：如今，有很多学者将马克思的理论解释成一种道德哲学，马克思的哲学确实具有道德向度，但我觉得这里有一个辩证法，在革命年代强调社会抗争，建设社会主义强调生产力高度发展，在教化民众的过程中要强调道德的价值。马克思的哲学有革命之前和革命之后的视域转换，在社会积弊沉重的革命前夜，关键是在批判旧世界的过程中发现新世界；而在革命之后的建设时期，要在发展生产力的同时强调道德和精神文明建设。马克思的正义论也不只是一种道德理论，马克思强调道德与良知的意义，也强调正义与生产方式相一致的特征。

陈先达：当然，不能将马克思的哲学简单理解为道德哲学。中国革命不能靠道德来解决，也没有任何社会政策的制定主要基于对道德的考虑。革命者是讲道德的，但革命不是通过道德来实现的。马克思的理论以及他毕生的奋斗当然包含对正义的诉求，但马克思没有一种仅仅立足道德阐释的正义论，他认为只有消灭不正义的社会才能实现社会正义。这不是说道德没有意义，我们当然要加强精神文明建设，人性善或人性恶是由人的社会性决定的，所以需要道德教育。管子说："仓廪实而知礼节，衣食足而知荣辱。"这里谈到的两方面虽然不是正相关的，但确实反映了社会实情，道德具有相对独立性，但它总要反映一个社会的生产方式。我们要实现社会主义的公平正义，而不是抽象谈论一般的公平正义，这需要消灭两极分化，消除司法不公，实现共同富裕和人们的幸福。在资本逻辑面前，单纯道德说教是乏力的。

臧峰宇： 所以，要恰当处理公平与效率的关系问题。这也与我们对马克思主义经典著作的理解有关，是否将马克思的哲学仅仅解读为一种道德哲学，实际上也反映了不同解读者的理解差异。您参与编写并通读全稿的《马克思恩格斯思想史》（1982）是我国第一部马克思主义思想史研究专著，您的名著《走向历史的深处——马克思历史观研究》（1987）被认为是改革开放以来马克思主义哲学界最具影响力的哲学论著之一。您在这部著作中实现了马克思主义哲学原著和马克思主义哲学原理的综合研究，阐释了马克思主义哲学的本质特征。而《被肢解的马克思》（1990）则从马克思主义整体性角度回应了西方马克思主义的观点。这些著作史论结合，为解析马克思主义哲学原著和原理研究之间的关系问题提供了范例。

陈先达： 我强调马克思主义哲学原著和原理研究合二而一，既要解读原著，也要研究原理，也可以有针对性地研究经典作家的观点摘编。原著研究有助于我们理解原理，但如果没有原理的基础，很可能在原著研究中读出令人曲解的东西。否定马克思主义基本理论的学者依据的都是对原著的自解读，而不是经过实践检验过的原理本身。研究原理只有一个赞成不赞成的问题，研究原著则有很大的解释空间。原著是历史文本，是特定历史年代的表述，解读原著会发现以往没有注意和重视的新思想，但这不应当成为反对原理的依据。原理是与时俱进的，原著研究的立足点是考证和解读，原理研究的立足点是实践和发展。有些西方马克思学家往往抓住某本原著甚至某段话做文章，通常忽视原理或者质疑原理，他们肢解了马克思的思想。我们不能无视原理，无视原理的原著解读可以成为一门学问，但可能远离马克思。我们重视经典著作的研究和学习，其目的是更好、更准确地理解和运用原理，而不是相反。

臧峰宇：在这个意义上，明确马克思主义哲学基本原理，以此为前提研究哲学原著，进而形成对哲学原理的拓展和深化，是一种独特的研究理路。这要注意哲学原著的历史语境与哲学原理的时代语境的转换，面对实践中的问题阐发马克思主义哲学的时代精神。您最近写了很多关于马克思主义与中国传统文化的文章，也曾引用"旧邦新命"这个提法阐释马克思主义与中国传统文化的关系问题，认为中华民族的伟大复兴包括创立社会主义新中国的民族复兴和中华民族的文化复兴。中华优秀传统文化是与时偕行的，我们无法回到箪食瓢饮的春秋古巷，也回不到落英缤纷的桃源故里，文化复古主义和文化保守主义试图以古正今的做法并不可行。实现中华优秀传统文化的创造性转化，要立足于当今时代，以唯物史观的文化视角审视传统文化的现代境遇。您说过，马克思主义与中国传统文化不是"非此即彼、冰炭不可同炉"的，实际上，马克思主义哲学中国化的文化形态体现了中华优秀传统文化的时代品格。

陈先达：社会是往前走的，思想也不可能往后走，中国传统文化有精华，也有糟粕。有的学者说，没有糟粕，留下的都是精华，糟粕已经被历史淘汰掉了。这是不懂传统文化的经典文本与社会现实的关系的说法。经典文本当然是精华，但传统文化积弊陋习也会保留下来，所以移风易俗很重要。可以说，好东西往往在书本里，不好的一面会积淀在社会现实生活中。而且经典文本本身，由于时代和条件限制，也不可能句句是真理。民贵君轻当然好，可封建社会的现实是君贵民轻，岂止君贵民轻，而是官贵民贱，知县被称为大老爷，老百姓是小民。中国传统文化，尤其是经典中包括许多好东西。但能不能运用，取决于现实的当政者。民为邦本，本固邦宁；水可载舟，亦可覆舟；得人心者得天下，人心不可违；等等。我们可以由此写出一本又一本著作。可为什么历代的亡国之君都失民心呢？为什么老百姓成为覆舟之水呢？因为亡国之君的阶级利益决定他要加重对人民的压迫。所以，必须把传统文化经典文本的教导和封建社会的现实区分开来。如果以经典为尺度，早就是大同世界了。我们应该把握传统文化经典的精华与中国封建社会历史现实之间的区别。

臧峰宇：您说得很有道理，积淀在书本里的中国传统文化往往是比较理想的具有高远情怀的内容，要将这些内容与封建社会现实中有些积弊区分开来。既要区分传统文化中的精华与糟粕，也要推动优秀传统文化的创造性转化和创新性发展，在现实生活领域就要移风易俗。中国传统文化中的理想情怀与封建社会的现实不同，悠远绵长的文化精华可以超越社会形态走向远方。使中华优秀传统文化中的价值理想成为社会现实，一直体现在中国现代化实践探索的途中，这需要我们深刻理解马克思主义与中国传统文化的关系问题。

陈先达：是这样，有一点应该注意，对中国传统文化的很多话语，当代的理解和儒家当时赋予它们的意义并不完全相同。比如说儒家讲"天人合一"，包括意志之天、道德之天、自然之天，有多种内涵。可我们讲的是人与自然的和谐，人与人的和谐，人与社会的和谐，人与自我的和谐，远远超出原意。它融入马克思主义哲学和当代生态哲学的观点。如果执着于原始儒家天命论、道德论的"天人合一"，那我觉得荀子说的"天人相分"更有道理，更符合马克思主义。因此，习近平总书记强调中华优秀传统文化的创造性转化和创新性发展，是非常重要的，是我们正确对待中国传统文化、正确处理马克思主义和中国传统文化的关系的关键。

臧峰宇：确实，实现中华优秀传统文化的创造性转化和创新性发展，是一个富有现实意义的重要学术命题。通过西学东渐与马克思主义在中国的百年传播，今天的中国文化涵盖了马克思主义文化观、中国传统文化和西方文化。中国文化现代化的百年探索表明，马克思主义与中国传统文化逐步实现有机融合。当然，在现代中国社会发展过程中也出现过全盘批判中国传统文化的思潮，这种否定民族文化的做法被证明是不可取的。如今，中国传统文化得到人们应有的重视，但也出现了文化复古主义和文化保守主义的论调。研究当代中国文化发展的主流，应当把握中国文化发展规律，在历史、现实和未来的语境转换中重塑传统。

陈先达：确实应当深入研究中国文化发展规律，要区分封建文化与封建社会的文化，封建社会的文化并非都是封建文化。毛泽东说过，封建社会的文化有不少人民性的东西，有反封建的东西。任何民族的文化都不是超历史的存在，都要随时代的发展而发展。黑格尔也说过，文化不是一尊不动的雕像，而是流动的河流，这种说法是对的。因此，文化发展存在着继承传统和再铸传统的问题。就当代中国而言，我们不仅有中华民族几千年的传统，还有中国共产党领导人民在革命和社会主义建设中创造的革命传统。

臧峰宇：这些传统在当代中国社会生活中都有丰富的体现，不仅体现为现实的社会存在，也体现为文化观念的传承与创新。研究社会生活中的文化问题，需要坚持历史的观点，也需要坚持辩证的思维方法，这是研究各种复杂而深刻的文化现象以及一些文化难题不可或缺的哲学前提。

陈先达： 研究文化传统问题必须坚持历史唯物主义观点。文化观本质上是历史观，文化研究要立足当代，背靠传统，面向世界和未来，而不能开历史倒车。研究马克思主义与中国传统文化的关系，要站在社会形态更替的高度。封建王朝的易姓不是社会形态的更替，以马克思主义为指导的新民主主义革命和社会主义革命使中国走上了社会主义道路，实现了社会形态的更替。旧邦新命，中国特色社会主义文化有了新形态。继承中华优秀传统文化，是为了更好地建设中国特色社会主义文化，而不是为了尊孔复古。我们不能忘记民族文化的血脉，但我们继承中国传统文化的方式是创造性转化和创新性发展，并添加新的传统，而不是以一种传统否定和取代另一种传统。

臧峰宇：《实践是检验真理的唯一标准》这篇文章在改革开放初期产生了重大影响，实践的命题成为中国化马克思主义哲学研究的关键命题。在1963年发表的《实践检验和逻辑证明》一文中，您从逻辑证明的角度论述过真理标准问题，强调实践是检验真理的唯一标准。实践和真理的关系需要逻辑证明，也需要在历史中审视，实践和真理都是具有历史性的命题。黑格尔在《法哲学原理》中强调，"每个人都是他那时代的产儿"，哲学

"是被把握在思想中的它的时代"。您也曾说过,"历史是零存整取算总账的","历史规律就是历史的深处"。

陈先达:实践是检验真理的标准,完整地说应该是,实践是检验真理性认识的标准,也就是用实践来检验人们的认识是不是符合真理。什么是真理与什么被认为是真理并不一样,真理是不可推翻的,被推翻的都是被认为是真理的观念。真理的标准不能因人而异,不能认为一个人说 2+2=4 是真理,另一个人说 2+2=8 也是真理。真理是一元的,真理的一元性指的就是真理的客观性。这种客观性,只能由实践来检验来证明。实践标准并不排斥逻辑证明,两者应该统一。用最通俗的话说,实践标准注重事实,而逻辑证明注重说理。如果只能举出事实,而不能说理,或有理说不出,在重大理论问题的证明上是有缺陷的。因此,实践作为检验真理性认识的唯一标准,要超出经验主义水平,必须能说理,有理、合理。"实践是检验真理的标准"是个哲学命题,不是暂时性的口号。在改革过程中出现的新问题以及对这些问题的新认识都要通过实践来解决,并通过实践来检验。因此,中国特色社会主义理论是发展的。

臧峰宇:有些学者关注"摸着石头过河"和顶层设计的关系问题,甚至有在顶层设计之后还要不要"摸着石头过河"的疑问。也有人说,改革已经到了深水区,没有"石头"可摸了。这个问题关乎如何理解顶层设计和实践探索的关系,涉及如何理解马克思主义哲学的实践功能，在理论层面也体现为规范性设计和规律性探索之间的关系问题。在这里有一种辩证关系是马克思主义哲学原理所强调的，我觉得实践探索在任何时候都是必要的，在实践基础上的顶层设计具有重要的指导意义。

陈先达："摸着石头过河"和顶层设计是辩证的关系，如果没有"摸着石头过河"的实践，顶层设计就是空想。"摸着石头过河"是个形象的比喻，不存在没有"石头"可摸的情况。因为人们在实践中总要碰到新问题，新问题在没有解决之前，就是"石头"，新的"石头"。顶层设计是对"摸着石头过河"的实践总结，如果不知水的深浅，是作不出理想设计的；同样，"摸着石头过河"也要总结经验，不是只摸石头，不知如何过河。我们要在顶层设计的指导下"摸着石头过河"，顶层设计要基于实践经验，社会实践也要心有全局。既要高瞻远瞩，也要脚踏实地，"摸着石头过河"和顶层设计的辩证关系体现了中国特色社会主义道路和中国经验。

臧峰宇：哲学问题可以是对实践生活中的问题的归纳和总结，也可以是在哲学的内在逻辑演绎中纯粹思辨出来的理论问题，前者通常比后者更有生命力。您在《哲学中的问题与问题中的哲学》一文中对此作过深刻阐述。通过归纳"摸着石头过河"的经验作出顶层设计，进而以顶层设计为指导在实践中继续探索并检验已有的认识，在深思中将其上升为理论规定，就是问题中的哲学。强调社会实践，体现了马克思主义哲学的特质，这并不意味着马克思主义哲学研究不可能成为一种高水平的学术；把马克思主义哲学单向度化为一种学院派哲学，就消解了马克思主义哲学的本性。社会生活是马克思主义哲学形成与发展的土壤，实践也需要马克思主义哲学研究更加深邃，这在马克思主义哲学中国化的理论形态和实践应用中得到了深刻体现。

陈先达：这么理解是对的，只有来自问题中的哲学，哲学中的问题才有生命力和现实性。哲学研究要提出问题，没有问题就没有哲学，但哲学问题不应当是凭空冥想出来的。哲学研究最重要的是回答现实中的问题，而不是构建纯粹的理论体系。哲学是一种历史性的存在，它的本质是相对稳定的，它对现实问题的解答必然带有时代的特点。作为哲学的哲学问题也来自实践生活，马克思和恩格斯熟悉哲学史，但他们研究的主要是问题中的哲学；毛泽东在《实践论》和《矛盾论》中回答了现实中的问题，形成了具有中国风格的问题中的哲学。马克思主义哲学中国化的经验表明，只有从哲学角度深刻回答现实问题，哲学研究才有生命力。将马克思主义哲学解读为西方哲学的分支，就不可能运用它解析纷繁复杂的现实问题，这种学院派的马克思主义哲学缺乏实践性，也只能提出远离现实的哲学中的问题。

臧峰宇：缺乏实践性的马克思主义哲学也鲜有时代性。马克思主义哲学的时代性体现了它的解释力及其现实价值，马克思主义哲学的生命力在于它的时代化，在于持续体现时代精神的精华。如果不能有效地回答现实问题，马克思主义哲学就会遭遇边缘化或自我放逐。马克思主义哲学既要立意高远，也要扎根于生活的土壤，它要为分析和归纳生活中的规律提供原理和方法。这要求它必须成为时代的哲学，必须回答时代的问题，必须与时代水乳交融。

陈先达：马克思主义哲学的当代性来自马克思主义哲学原理的正确，运用哲学原理深刻回答现实问题，体现了马克思主义哲学的解释力。毛泽东说过："有用非即真理，真理必是有用。"[1] 运用中国化马克思主义哲学分析复杂的现实问题，推动了中国革命、建设和改革的进程，这证明马克思主义哲学研究是学用结合的，也就是说，学哲学、用哲学是统一的。马克思主义哲学在中国百年发展过程中主要体现了两个特点，一是在同中国具体实际相结合的过程中从边缘成为主流，二是实现了同中国传统哲学和西方哲学的对话和结合。成为思想文化主流的中国化马克思主义哲学强调时代化和大众化，它是在机遇与挑战并存中实现综合创新的，它回答了社会主义市场经济中的现实问题，始终找准社会位置并明确自己的社会角色，同时回应时代的需要，提升自身的理论水平。作为我们时代仍然不可逾越的哲学，马克思主义哲学必须与时俱进，回答时代提出的问题，这是它永葆理论青春的要义所在。

---

[1]《毛泽东哲学批注集》，中央文献出版社 1988 年版，第 149—150 页。

二

在散步的路上：走向历史深处的哲学心语

臧峰宇：多年来，您不仅深入阐释了中国化马克思主义哲学的关键问题，还出版了七本以"返思""心语""夜语""回归""闲思""杂论""拾零"命名的思想随笔集，这些随笔集将"哲学的深沉、文学的优美、历史的丰富"融为一体，读之令人难以释卷。您在《漫步返思：哲学随想录》的前言中说："文章是不是可以'变个写法'？即使是哲学中的难点、疑点，争论不休的问题，也应该放下架子，写得通俗点，活泼点。"[1] 您在这些思想随笔中回答了很多现实问题，以通俗、活泼的方式阐释了马克思主义哲学的实质，确实变换了文章的写法。

陈先达：我觉得从概念到概念的研究貌似高深，实际上不能解决任何现实问题。哲学研究可以有不同的表达方式，关键是能在喜闻乐见的话语中分析实际问题，同时启发读者深思。我的第一本随笔集《漫步返思：哲学随想录》出版后，有很多读者来信谈他们的阅读体会，特别谈到通过读这本书引发了他们对人生和社会的思考。这本书后来多次再版，我又陆续写了六本随笔集。这些随笔反映了我的一些即时的想法，可能是刚刚读完一本书，也可能是刚看完一则新闻，或者是遇到一

---

[1] 陈先达：《漫步返思：哲学随想录》，中国青年出版社1997年版，第1页。

件实际的事情，总之都是我的一些真实感受。"不动笔，不读书"，这句话是有道理的，现在动笔主要是敲键盘。我在二十年前学会了五笔字型输入法，这些随笔都是我在电脑中一个字一个字敲出来的，我试着用这种方式回答了人们感兴趣的一些问题。

臧峰宇：这些即时写作的哲学随笔记录了您近年来的学术心得，您在《回归生活：哲学闲思录》中将这些随笔"比喻为农家盖房子，木料、砖瓦，平时有点积累，不过是堆在院子里，即写在笔记本上，当积累到一定时期需要盖房子时，再一样一样清理出来"[1]。读您这些一气呵成的随笔，感到非常畅快，这里有很多淡定从容的道理。亚里士多德说，哲学起源于惊异、闲暇和自由，"闲思"是哲学研究的一种应然情境。您这些论述不仅包括对马克思主义哲学的通俗阐释，也包括关于中国传统哲学的新见；既探讨了关于改革发展的重要理论问题，也涉及对道德、宗教、智慧、生死、幸福等问题的生动论述，让人们真切地感受到用喜闻乐见的中国话语表达哲学问题的通达境界，并由此思考与自己相关的问题。

陈先达：我读的书比较杂，主要是哲学书，也有文学、历史学、传记，读书总要思考，把思考的东西写出来，就是读书笔记，这些笔记对写随笔是很好的积累。其实，很多思想家的思想并不都体现在论文里，有的是

---

[1] 陈先达：《回归生活：哲学闲思录》，北京师范大学出版社2008年版，第357页。

对话，有的是寓言，庄子讲过很多有趣的故事，这里有很多处世哲学，有很多以柔克刚、与世无争的道理。我喜欢闲思，这些随笔都不是命题作文，都是我有感而发的。我一直强调做一个合格的马克思主义者，但研究马克思主义哲学，也要借鉴中国传统哲学和西方哲学的精华。哲学是一个大家族，从古至今从来没有一种唯一的哲学，哲学研究是在对话中发展的。哲学的表述总会体现民族性和时代性，理论未必是灰色的，但生活之树常青，如果哲学永远来自生活，哲学就会成为常青藤。哲学家如果不食人间烟火，只是躲在由概念和范畴建成的哲学堡垒中，智慧之花就会枯萎。

臧峰宇： 您说在这些随笔中，"最具现实性、理论性，用力较多的是《史论拾零》"[1]。您在这本书的上篇阐述了历史研究的重要范畴，例如，历史事实、历史规律、历史评价、历史目的、历史的周期率、历史的因果律；在下篇分析了历史唯物主义基本观点以及若干历史理论的主要内容，例如历史本体论、历史认识论、历史决定论、历史选择论、历史辩证法。这些文字睿智而鲜活，以历史随笔的形式回答了很多关键的历史哲学和历史科学问题，这是否与您早年学历史学的经历有关？这让我想到您在第十届马克思哲学论坛上讲述的历史唯物主义的史学功能，这些回归生活的随笔具有明确的问题

---

[1] 陈先达：《我的人生之路——陈先达自述》，中国人民大学出版社2014年版，第219页。

意识，看似不拘一格，但当这些文章合在一起，就清楚地体现了以问题为导向的写作思路。

陈先达：我在复旦大学学的是历史学，当时刚解放，各种运动很多，我没有系统的历史知识。我的一些历史知识是我毕业后自己东翻西翻得来的，很不系统也很不专业。但我对历史很感兴趣。我在《史论拾零》中主要用哲学分析历史学问题。我在这本书中用力比较多，因为历史是厚重的，历史事实是现实的，哲学研究可以从历史中得到智慧。

我说过，历史事实具有一次性、历史现象具有相似性、历史规律具有重复性，历史规律永远胜过历史经验。对历史事实和历史人物的评价体现了历史观，苏轼说："大江东去，浪淘尽，千古风流人物。"这说明历史事实是不能重复的，人不是生活在历史中，而是生活在现实中，历史是过去的现实；但历史现象有相似性，生活在现实中的人，有时会发现现实发生的事仿佛是历史上某种事件的重演。当然，相似性不是重复性，因为它是不同条件下，由不同的人担任主角，因而只是相似而不是重复。只有历史规律是可以重复的，历史既是人创造的，又具有规律性；人既是历史的剧作者，也是历史的剧中人，所以必须把握历史规律。历史的规律性和人的主观能动性融合在人的历史活动中。我的这些随笔不是历史考证，不关注历史的细节，而是从历史唯物主义角度进行的历史分析。读史使人明智，就是这个道理。

臧峰宇：毛泽东写过一首《贺新郎·读史》，诗意地概述了人类历史的演进，浸润着唯物主义历史观。"一篇读罢头飞雪"，人在历史面前是有限的。读您的历史随笔有一种很强的感受，马克思主义哲学研究要以对历史的理解为基础，宽广的历史视野是深化哲学研究的前提。您在随笔中用马克思主义历史观审视历史现象和历史规律，这些研究试图解决人的主观意志与客观规律的关系问题，也回答了马克思主义哲学原理研究中的一些关键问题。

陈先达：诗所表达的历史，只能是形象化的，否则不是诗。这与学术研究的表达方式不同。《贺新郎·读史》这首词描述了人类历史的发展过程，从无阶级社会到阶级社会，以及阶级斗争的历史状况："上疆场彼此弯弓月。流遍了，郊原血。"诗歌虽然不是历史，但诗歌反映了历史事实，体现了诗人的历史观。哲学研究要揭示历史规律，对历史事件的单一解释不能被看成原因，原因是客观的、深层的，是不能制造出来的，而某种解释或借口是可以制造出来的。人的意志要服从历史规律，这不是说人在历史规律面前无所作为，而是说历史规律是不以人的意志为转移的。历史过程通常体现为"合力"，人们的"合力"创造了历史。纸币发行过剩，导致通货膨胀，发行更多的纸币是人们的主观行为，其结果导致了通货膨胀，这是不以人的主观意志为转移的。全世界都一样。又要马儿跑，又要马儿不吃草，是不可能的。我的历史随笔更多的不是事实细节，而是强调对历史现象的哲学透视，探究历史发展的必然规律。

臧峰宇：这也涉及评价问题，人们因主观意志而做了某种违背客观规律的事情，有时是缺乏经验的结果，不能简单地归咎于个人品德，而应寻找符合历史规律的改进方案。人的实践活动总会体现一定的目的，能否实现目的的关键在于实践活动是否符合历史规律，违背历史规律的愿望往往只能停留在观念世界。当然，人的实践活动应当具有明确的目的性，而不能陷入无意义的漂流，在遵循历史规律的前提下，人的主观能动性就有了重要的意义。这是看似简单实则复杂的问题。如何认识和把握规律，既需要重视也需要具有相应的能力。

陈先达：没有人的社会活动，不能产生资本主义，但资本主义运行的规律不是某个人创造出来的。有了资本主义制度，才有资本主义运动规律。理在事外，理在事先之类的理论是不对的。人创造了科技，但科技发展的两面作用——它对生产力和文明的推动作用和它对劳动者剥削和奴役的加深——是不以人的意志为转移的。马克思讲的劳动异化理论就包含这个道理。人的活动的结果并不都是实践主体所期待的。出乎预料的结果，在历史中常见。资本主义社会严重的贫富差距，仅靠资本家个人的品德修养是不可能根本解决的，因为这是由资本主义制度的本质决定的。没有贫富区别的资本主义，是违背资本主义制度的本质的。

臧峰宇：您说过，"哲学家不是社会的旁观者"，您对社会现象和社会规律的解读给读者和听众留下了深刻的印象。这些年，您的课堂拓展到整个生活空间，很多精辟的见解都是在散步的路上讲的。每次陪您在校园中散步，我都能在您睿智的目光和洪亮的嗓音中读懂哲学的现实关怀，您对时事的评论总是令人回味良久。您对微信的使用非常娴熟，看到和听到您在微信中的文字和声音，让人感喟"老骥伏枥"的壮美。《散步·路上——我与学生聊哲学》这本书记载了您和学生聊哲学的历史片断，这些对话涵盖关于人性、生活、命运、社会、历史、文化、认识、学术等方面的沉思，您说自己"仿佛是一部年代久远、思想陈旧的时钟"[1]，我们都感到这部见证并创造历史的时钟与时俱进，嘀嗒的思想是岁月的琥珀。

陈先达：我说过，人是要往前走的，我愿意接触和使用新生事物，愿意使用和阅读新的哲学传播媒介。我觉得哲学传播要运用现代手段，但改变了哲学的传播手段，并不意味着同时改变了哲学内容或者说文化性质。运用现代传播方式来传播庸俗的哲学思想，是没有什么意义的。"心灵鸡汤"对有些人来说是美味，它安慰了人们的心灵，但是，对有思想的人来说是浅薄的，大多数"鸡汤"宣传的基本上是"空"与"无"。我与学生们谈

---

[1] 陈先达：《散步·路上——我与学生聊哲学》，中国人民大学出版社2014年版，第361页。

过很多哲学问题，在这个过程中，我感到对有些问题的阐述需要岁月的积淀。这也反映了知识和智慧的差别，知识可以过时，但智慧是永恒的。2000年前的科技已经落后了，但是，2000年前的智慧如今仍然是智慧。这是智慧高于知识的地方。能够创新的通常是知识，而智慧的创新不易。因为需要知识的积累、发展和创新，才可能转成智慧。哲学是黄昏后起飞的猫头鹰，这是哲学的发展总不如科学技术发展迅速的原因。知识，需要学习、传授；哲学，不仅要学习，还需要生活历练和自己的体悟。有钱可以买到知识，各种学习班多如牛毛，可没有一个学习班可以售卖智慧。知识是可以买到的，智慧是买不到的；知识可以是别人的，智慧只能是自己的。

臧峰宇：您在这些随笔中提出了很多问题，问题中包含着答案，蕴含着很多道理。无论是评点历史，还是谈论文化，都是在说理。您谈的是历史事实和历史人物，说的是历史经验和历史规律，这些分析不是为古而古，而是为今而古，面对的是当代社会的问题。每个时代都有自己的问题，解决这些问题，不能到故纸堆中找现成的答案，更不能苛求古人，而要在时代的发展中直面这些问题。通过分析这些问题并阐明其中蕴含的道理，我们看见了思想中的时代，似乎也看见了历史的深处和未来的走向。

陈先达：古人为我们提供的只是历史经验与教训，对这些历史经验与教训的运用取决于当代人。历史的最深处不是历史的细节，细节是历史表面的东西，历史的深处是历史的规律。历史和现实不是绝对对立的，历史是过去的现实，现实是未来的历史。历史、现实和未来的联系是规律性的联系，而不是某些事件的一般联系。研究历史，要研究历史状况为什么会如此，它有历史的根源和现实的根源。研究古代政治家强调国家与人民的关系应该是水舟关系、鱼水关系，很有启发意义。共产党与人民的关系比这更进一步，应该是血肉关系，而不是仅仅把百姓当作养鱼之水和覆舟之水。

臧峰宇：这体现了传统观念的创造性转化与创新性发展。社会生活与生产方式的变化使人们的思维方式和价值观念发生变化，传统观念以及人们对传统观念的理解都会随着时代变化而变化。固守传统或墨守成规往往是不可行的，优秀的传统文化是我们美好生活的重要来源，但运用优秀传统文化的方式往往会体现时代的印记，我们党团结领导人民取得了中国式现代化建设的成就，创造了人类文明辉煌新形态。"诗文随世运，无日不趋新"，人文日新本是观念发展的常态。

陈先达：关于"孝"的理解就是这样，中国社会结构改变了，以往的农业结构改变了，家庭结构改变了，人际关系改变了，遵照古代的"孝"的观念是根本做不到的。这并不意味着人们不应该孝顺老人。"孝"，应该是"孝道"，这个孝道是不能变的，但孝的方式是可以变的。孝道体现了亲情关系，是一种人伦的重要原则，但沿用古代孝的方式是不可行的。对诚信的理解也是如此，市场经济中的诚信不可能是非契约的。"一诺千金"是农业社会的情况，不是市场经济中的情况。在市场经济中，一切都要遵照法律合同，但这不意味着人们不要讲诚信。不能把儒家的仁义礼智信只当作抽象概念，当作是永恒不变的天道。它之所以能够作为人类的道德原则，是因为人作为社会存在物，具有相同的社会关系，但具体表现是与时俱进的。

臧峰宇： 您说过，"时代需要可信又可爱的哲学"，要做到可信、可爱，需要更新解析哲学问题的思路与表达哲学理念的话语风格。有一种看法认为搞哲学研究的人都挺"神道"的，其实大多数搞哲学研究的人都不"神道"。认为哲学无用，试图消解哲学的做法有多种原因，但哲学表达的晦涩与哲学远离生活实际的取向影响了人们对哲学的评价。在任何时代，哲学的价值都是毋庸置疑的，哲学研究者也应当有回归生活的自觉，使哲学力透纸背的阐述和透彻的说理可信、可爱，这在某种意义上也是当代哲学研究的重要使命所在。

陈先达： 我注意到王国维说过一句话："哲学上之说，大都可爱者不可信，可信者不可爱。"[1] 其实，哲学的可信与可爱并不矛盾，哲学问题并不都是纯粹思辨的，当它解析鲜活的现实问题时，就可以既可信又可爱。如果把哲学研究理解为不食人间烟火的抽象驰骋，

---

[1] 王国维：《静庵文集》，辽宁教育出版社1997年版，第160页。

它就可能高耸于天国，让人们敬而远之。只要深入分析人性和生活中的实际问题，哲学话语就可以沁人心脾，使人感到温暖。道不远人，远人非道。马克思主义哲学应该关心人们在生活中的实际问题，关心人们的处境。我们的时代需要可信又可爱的哲学，这种哲学致力于改变以往哲学可信与可爱相互分离的状况。它的道理应该是科学的、可证实的、有说服力的，它的关注点应该是面对现实问题的、回应人们的实际需要的。我在这些随笔中努力写得让人感到既可信又可爱，这种表述方式可能比有些论文的传播效果要好。

臧峰宇：您在《哲学心语：我的哲学人生》中说："一个人的一生就是一本传记……我现在正站在生命的尽头，是一本从后往前读的书。"[1] 其实，面对您这本大书，我们一直都是从前往后读的，在您的文字中仍然迸发着一种马克思主义学术青春的激情。您的14卷本《陈先达文集》由中国人民大学出版社和北京师范大学出版社联合出版，学界认为这是我国马克思主义哲学发展史上的一件盛事；几乎同时，人民出版社出版了您的《马克思主义和中国传统文化》与《可信又可爱的哲学》。这些著作矗立在中国马克思主义哲学史上，镌刻了思想的印记，展现了您多年来在教学与研究中重要的学术心得。

陈先达：我觉得自己的一生非常平淡，生活中只有

---

[1] 陈先达：《哲学心语：我的哲学人生》，北京师范大学出版社2007年版，第14页。

家门和校门，我这么多年来的体会主要有两点：做人要谦虚，做学问要执着。个人的思想是有限的，能力也是有限的，现实中的复杂问题不是某个人都能回答的。我只是思考了很少很少的问题，并提出自己不成熟的见解，供其他思考者和实干家参考。我没有太多的实际工作经验，比较了解的是学校情况。当然，每天听新闻了解一些时事，也对一些问题发表过意见。我知道有理有据地回答现实问题很难，这不由得我不谦虚。但是，做学问必须执着，要敢于坚持真理，在真理问题上是不能谦虚的。马克思主义哲学研究要敢于直面现实问题，要敢于质疑不当的言论，但要以理服人。最大莫过理，最强莫过理。我们常说，"有理走遍天下，无理寸步难行"。这对哲学研究也适用。哲理，哲理，哲学是有理可讲的，是要讲理的。不讲理，就不是哲学。即使是"存在就是被感知""心外无物""心外无理"等明显的唯心主义命题，也要讲出令人信服的道理，而不能仅仅是断语。我想我们中国人将会创造出越来越多的富有远见和现实力度的中国化马克思主义哲学著作，为实现中华民族伟大复兴中国梦贡献智慧。希望在年轻人身上。

贰

以问题为导向的**哲学探索**
与新时代哲学的**现实关注**

臧峰宇： 20 世纪 70 年代末，您与靳辉明先生合著了《马克思早期思想研究》，探究马克思如何真正"成为马克思"的问题。后来有十多年时间，您一直走向马克思主义史的深处，这与您之前主要从事马克思主义哲学原理研究比较而言，可谓发生了一次研究转向，转向思想史研究。记得您说过，发生这个转向的原因与您当时对国际国内哲学思潮的看法有关。这次转向具有明确的问题意识，您分析了"青年马克思热"的深刻社会政治原因，对一些国外马克思主义学者重新"解释"马克思主义的观点提出了不同的看法。

陈先达： 情况确实如此，此外与我这时到中国人民大学马列主义发展史研究所工作也有关。当时，人大马列所还编写了《马克思恩格斯思想史》《列宁思想史》，这些书都是从整体性角度写的，就是将马克思的哲学、政治经济学和科学社会主义当作一个思想整体。我不同意一些国外学者对青年马克思和老年马克思的关系的看法，不同意将马克思主义归结于黑格尔哲学，归结为费尔巴哈人本主义或以异化为核心重新阐述马克思主义哲学。我认为这样会曲解历史唯物主义。我们应当反思过度强调单纯以文献手稿为依据的研究方式。从常识角度看，人的思想一定是越来越成熟的，不可能到老了反而没有年轻时思想成熟。著作也是一样，出版文本一定比原始手稿成熟，手稿第二稿一定比第一稿成熟，否则何必修改呢？

一

马克思主义哲学原理、思想史与现实问题研究

臧峰宇：通常来说是这样的，研究文献手稿的价值毋庸置疑，但对这种价值的强调不应基于过度解读。马克思在大学学的是法学，喜欢研究哲学和历史学问题，后来认真研究政治经济学，对政治学、人类学和自然科学的著作也广泛涉猎。他关心的是如何解决问题，从思想整体的角度分析问题。马克思的青年时代是思想不断形成的过程，在逐渐"成为马克思"的过程中形成了重要的思想观念，后来在他的学术生涯中贯穿始终。

陈先达：比如人类解放问题，如何实现人的自由与全面发展，马克思在年轻的时候就认真思考过，也写过很多这方面的文章。但马克思最初深受费尔巴哈人本主义的影响，这时马克思的思想还不成熟，后来研究政治经济学使他的观念更加现实。正是通过研究政治经济学，马克思的历史唯物主义思想逐渐形成。所以，恩格斯晚年说，他和马克思年轻的时候在经济史方面的知识还不充足。仅仅强调青年马克思的异化思想、关于个体与类和人本主义思想，认为这些思想比历史唯物主义更

重要，显然是对马克思哲学发展历程的一种曲解。

臧峰宇： 走向政治经济学确实是马克思哲学研究的深化，自巴黎时期研究政治经济学以后，马克思的研究重心也发生了转化。从撰写《哲学的贫困》开始，直至完成《资本论》四卷和三部手稿，马克思用了很大一部分精力研究政治经济学问题。他将《资本论》的副标题命名为"政治经济学批判"，也谈过《资本论》的逻辑，但《资本论》及其手稿毕竟不是哲学著作，当然其中蕴含很多哲学思想，理清这些思想的内在逻辑很有必要。

陈先达： 从《资本论》作为"大写的逻辑"来说，当然是包含丰富的辩证法与历史唯物主义的著作，但它的主题不是哲学著作，而是对资本主义生产方式和交换方式的分析，是对资本主义经济发展规律的研究。马克思的经济学研究运用了新的思维方法和研究方法，因此我们在《资本论》《1857—1858年经济学手稿》以及其他相关著作中能看到马克思丰富的哲学思想，这是毫不足怪的。如果在马克思的经济著作中发现不了马克思的哲学思想，倒是令人奇怪的。马克思的研究是从问题出发的，他运用很多学科的思想资源来解决问题，应该说哲学方法在这些研究中是一以贯之的。马克思的政治经济学研究与历史唯物主义研究结合在一起，他深入到生产过程内部，研究个体和类的矛盾，发现社会发展规律，探讨历史的辩证运动，研究人们的物质利益问题。马克思全部研究的问题意识是一致的，后人不应该将他的研究割裂成各种碎片。

臧峰宇：记得前些年您发表过一篇文章，谈马克思主义内部要加强对话。加强马克思主义哲学、政治经济学、科学社会主义以及马克思主义史学、马克思主义社会学、马克思主义文艺理论等研究领域的对话，有助于实现马克思主义理论的协同创新，也有助于进一步深化对各研究领域的前沿问题的认识。过度强调学科差别、制造学科壁垒，实非学术研究之良策。马克思从未将自己的理论分为几个部分，他的研究恰恰是整合各种学科资源，真正是从问题出发并致力于解决问题的。

陈先达：对，列宁所说的马克思主义的三个组成部分指的是最核心的部分。马克思从来没想过要将这些部分分开，但后人研究当然可以从一个方面切入，以便更深入地研究马克思某方面的思想，但决不要忘记了总体。搞哲学的对经济问题完全是门外汉，只能使哲学变为教条，反之亦然。马克思主义内部的对话与合作很重要，这与马克思学术研究的方法是一致的。不同学科的研究当然有差异，但只是沉湎于某一学科的研究，不了解其他学科的前沿成果，恐怕是有问题的。马克思从来没有把哲学、政治经济学和科学社会主义研究割裂开来，割裂式的研究说明后人研究马克思主义的局限性。

臧峰宇：写完《马克思早期思想研究》之后，您在1987年出版了《走向历史的深处——马克思历史观研究》。这两本书的主题有很强的相关性，您在《走向历史的深处——马克思历史观研究》中对马克思思想的研究更系统，不仅深化了对马克思早期思想的研究，而且深入解析了唯物史观创立之后马克思思想的发展，一直谈到马克思晚年的人类学研究。这本书对国内很多学者的青年时代产生过深刻的影响，您运用唯物史观研究历史唯物主义形成与发展史，提出了历史观研究领域的创见。

陈先达： 这本书其实是1983年底完成的，在一个出版社耽搁了三年，这个出版社的编辑是研究其他专业的，对马克思早期思想不太内行，后来就退稿了。我又寄到上海人民出版社，当时一位哲学编辑看过这本书的前言之后就决定出版了。书是1987年出版的，但写作时间紧接着《马克思恩格斯思想史》和《马克思早期思想研究》，研究主题都是相关的。当然，这本书基本上贯穿了马克思历史观的主要思想，从马克思早期思想一直写到唯物史观和经济学研究的深入结合以及马克思对资本主义社会形态的系统分析等问题。但由于当时的水平，很多问题没有深入研究，尤其是对马克思晚年的历史学笔记没有很好地研究，至今仍然非常遗憾。

臧峰宇： 在某种意义上，任何作品都是遗憾的艺术，这本书在当时产生的影响几乎是国内其他作品难以替代的。深入理解唯物史观的要义，需要走向历史的深处，探索人类历史的规律，研究的目的是更好地认识世界和改变世界，更好地认识时代的问题，更好地把握时代精神。最近，我重新理解哲学研究的历史向度和现实向度的关系问题，感到没有历史视野的哲学研究是浅薄的，没有现实关怀的哲学史研究很可能继续沉寂在历史的烟尘中，历史研究有时就是现实研究的一种方式。因此，现实研究与历史研究是贯穿的。

陈先达：历史和现实不是对立的，今天的现实就是明天的历史，今天的历史就是昨天的现实。没有现实眼光，也不可能有历史眼光。对眼前的事情都分析不清楚，不可能对几千年前的事情分析清楚。历史唯物主义不仅是分析历史的主义，很多人都弄错了，以为历史唯物主义是从历史研究中得出的并且只是用来指导历史研究。其实，历史唯物主义是在对市民社会的经济学解剖中得出来的，马克思在1859年写的《〈政治经济学批判〉序言》中对这个问题说得很清楚。他总结出一般规律，总结出社会历史形态更替的历史规律，成为指导我们研究历史的基本观点和方法论。现实中发生的事件，不会重复历史现象，但会有相似性。历史中会包含理解现实的经验和教训，尤其是历史规律具有重复性。思想家要学会从历史中吸取智慧。历史研究关键在于发现规律，人类历史重要的事变几乎都是有规律性的。其实，走向历史的深处和从历史深处走向现实一样，都需要研究事物纷繁复杂的现象，而且必须把握规律。

臧峰宇：后来您主持撰写了《被肢解的马克思》，这本书对当时西方马克思主义流行的观点进行了研究，提出了完整理解马克思思想的问题。当时,《中国社会科学》发表了对这本书的评论,评论者认为您在回应西方学者的观点方面做了许多有益的工作。这本书记载了您的很多有力的思路和观点,也留存了郝立新、刘建军、张康之、刘怀玉等学者青年时代的思想印记。这是您当时主持的一项课题的结题成果吗?

陈先达: 当时没有什么课题,也没有课题费,就是自己搞,用不着申请,也用不着批准。我当时还在马列所工作,参与的作者都是我的研究生或马列所的研究生,那时研究生由导师组培养。我制定了全书写作大纲,写了导言、第一章、第九章和结束语,郝立新和张康之协助我整理了书稿。这本书的主题与前两本书一样,也是为了回应"青年马克思热"思潮中的一些观点,避免对马克思主义的曲解和变形。某种学说创立者的形象的变换,在历史上并不罕见,但像马克思哲学这样引起广泛持久的、世界性的争论,分歧如同冰炭,是很少见的。批判肢解马克思的做法,目的是恢复马克思哲学和马克思主义哲学的本来面目。

臧峰宇: 从写作时间看,《马克思和马克思主义》《问题中的哲学》和《哲学与文化》是您后来陆续创作汇编的三本论文集。其中,《马克思和马克思主义》的主题与前三本书有很强的相关性,仍然关注马克思早期思想研究和历史观问题,问题域进一步拓展到马克思主义的现实性、生命力以及马克思主义中国化问题。也许可以将这本书视为您再次从思想史研究出发，转向现实问题研究的开端。这次转变是否与您这时到哲学系工作有关？

陈先达：确实有这方面的关系。我是1987年离开马列所到哲学系当主任的。当时我在原理教研室。在我的学术思想中，大致经历了你说的这样一个过程。做思想史研究是为了更好地理解马克思思想的本来，这是重要的基础研究。但我觉得研究马克思主义哲学史，尤其是文本研究，需要外语功底，需要翻译和搜集外文资料。我外语不行。当然，我对现实问题更敏感一些，或者说我的主要兴趣是研究社会现实中的理论问题，希望能把问题中的哲学变为哲学中的问题。

臧峰宇：《问题中的哲学》汇聚了改革开放以来中国马克思主义哲学研究的很多热点问题，例如，马克思主义哲学关注现实的方式、马克思主义哲学的当代性与文本解读、中国特色社会主义理论与历史周期率、马克思主义与中国传统文化、学术评价的主题与评价标准等。其中，《哲学中的问题与问题中的哲学》是中国人民大学马克思主义哲学专业博士生必读的主要文献之一。哲学研究需要问题意识，应当从问题开始，提出问题，分析问题，然后解决问题。哲学解决的问题主要是思维方法问题，因为实际问题要由各门具体科学来解决。这实际上涉及对哲学有用性的确认。

陈先达：以问题为导向，是学术研究的方向性思路。解决各种具体问题，要靠各个学科、各个行业。问题从来不是现成地摆在那里,到底要解决什么问题,首先需要明确。哲学主要是提供方法论的指导。哲学当然有用,如果哲学没有用,为什么自古以来,无论中西都产生了那么多有名的哲学家,哲学思想一直被视为人类的智慧。一个没有用的学科能几千年传承不断吗?就像人的器官,没有用的器官早就退化了。社会各行各业也是一样,凡是没有用的行业就慢慢消失了。现在谁还在街上看见补锅的行业,早淘汰了,能够存在与发展的都是有用的。哲学不能解决各种具体问题,但各个行业都需要哲学思维,都需要解决问题的方法。当问题上升到哲学层面,就离不开分析概念了,因为哲学思维就是概念思维,艺术是形象思维,因此,哲学与科学、与艺术都存在极其密切的关系。其中,哲学与科学的关系,就是我们应该正确理解的问题。虽然是老问题,可在当代,这个问题还有很强的现实性。

臧峰宇:确实,在科学昌明的时代,这个问题很有现实性。比如人工智能问题,如今深受学界关注。我在一些学术研讨会上接触到很多有关人工智能问题的讨论,体现为从人工智能角度理解当代人的生成、伦理和信仰问题,探究智能机器能否有观念和情感世界,以及思考人与智能机器在当前乃至未来的关系问题。这些显然都不是仅靠自然科学能够解答的问题,而从根本上体现为一些耐人寻味的哲学问题。

陈先达:科学昌明给人们带来很多哲学问题,人工智能就反映了很多伦理学问题。很多科学家运用哲学思维分析具体问题，像爱因斯坦、马赫，都是很有哲学见解的科学家。我在中国人民大学马列主义研究班学习的时候，很多给我们授课的苏联专家既是哲学家也是科学家。我当年学了一些自然科学知识，虽然都是些皮毛，但是终身受益。现在我们搞哲学，分工太细，壁垒太严，非科学技术专业的学生一般自然科学修养不太好，极大地妨碍了哲学思维的发展和研究的深化，这是值得深思的问题。

臧峰宇：如果长期忽视自然科学的发展，哲学研究者很可能落后于时代。科学哲学研究领域之所以广泛，就在于这里积聚了很多在科技发展进程中呈现的现实问题，与人们的实践活动和认知领域紧密相关。哲学不是自然科学，但哲学研究不能违背自然科学的常识，而且哲学研究关注自然科学的进展。近代以来，科学的目的以及科学研究的可靠性都引起哲学领域的关注，因为这涉及科学与真理的关系，涉及科技发展进程中人的生成问题。如果回避这些重要的现实问题，哲学很可能沦为没有现实内容的臆想。

陈先达：是啊，就是这个问题。哲学不能被实证科学化，不能变成实证科学，但是哲学论断要有科学根据。哲学不能违背科学，哲学与科学是相互促进的。例如，中国的程朱理学或陆王心学，强调的理在事外、天理良心，或心外无物、心外无理，从主体道德修养角度看，有道理。我们应该重视其中的智慧，但不能取代关于世界物质性和规律客观性的科学世界观，因为实践和科学证明，理在事中，物在心外。当然，这不能否定理学和心学在人类道德自我约束和修养方面的作用，因为探讨问题的角度不一样。

臧峰宇：是的，关于辩证唯物主义和实践唯物主义的讨论也涉及这个问题，人与世界的关系问题。没有人的世界，对人来说是否等于无，反映的其实就是主客体的关系问题。如果没有人对客观事物的感知，客观事物就难以进入人们的观念世界，或者说人们意识不到那些客观事物的存在。虽然没有为人们所感知的事物的存在是客观的，它们是否存在，并不以人们的意志为转移——人在与不在，对象都在那里——但人在与不在，究竟是不同的。

陈先达：说马克思主义哲学是实践的唯物主义，这当然没有问题。可如果把辩证唯物主义与实践唯物主义对立起来就有问题了。世界的存在是客观的，从生物进化角度看，人的产生是很晚的。人总是以主体的角度看待客体，所以有"一沙一世界，一花一天堂"这样的看法。主体不一样，个人眼中的世界就不一样。但个人眼中的世界不等于眼外的世界，不能否认世界的客观性和共同性，人们面对的是同一个世界。可以说，人们眼中的世界往往是个人的世界，而外在世界是人类共同的世界，它的存在不以个人眼中的世界为转移。无论你来看花与否，花在山中自开自落，不以看的人为转移。山中是否有花，是开了还是败了，只有来看的人才知道。因此，来看，花在心中；不来看，花在心外。这里涉及本体论和认识论的问题，涉及内心世界和客观世界的关系问题。

臧峰宇：看与不看，花还是花，但究竟是不同的。您在《哲学与文化》这本论文集中探讨了马克思主义哲学的本质与功能，阐述了中国马克思主义哲学的未来走向，其中也包括《哲学三论》《人生三论》《哲学与人生》等生动活泼的短文，我把它看作介于您的理论著述与学术随笔之间的一本书。

陈先达：大概是这样，这也体现了编辑的思路。马克思主义哲学是一种文化，是一种思想。使用何种文章体裁来表达观点，往往取决于内容的需要。我这些年对文化问题谈得多一些，比如马克思主义与中国传统文化的关系问题、文化自信中的传统与当代问题，都是从马克思主义哲学角度展开的思考。

臧峰宇：自 1899 年 2 月介绍马克思思想的文章在《万国公报》发表，马克思思想在中国的传播已逾百年。百余年来，马克思思想得到系统翻译、研究与传播，成为中国社会主导意识形态，并在中国革命、建设和改革进程中实现中国化。马克思主义哲学中国化不仅体现了马克思主义哲学同中国具体实际相结合，也体现了马克思主义哲学同中华优秀传统文化的内在融通，马克思主义由此获得了中国文化形式。

陈先达：对马克思的名字在中国出现的考证是一种必要的历史研究，但要想马克思主义真正发挥作用，必须与实践结合起来。所以，毛泽东说："十月革命一声炮响，给我们送来了马克思列宁主义。"[1]马克思主义不仅同中国具体国情相结合，而且同中国传统文化相结合。文化是思想的过滤器和移植能否存活的土壤，将马克思主义概括为实事求是，体现了中国特色，毛泽东注重用中国文化形式表达马克思主义。两点论、重点论的提法都有鲜明的中国风格。但不能将这个问题简单化，例如，用阴阳取代矛盾，这种词语的转换无助于马克思主义中国化。

臧峰宇：马克思主义哲学在中国现实化，不仅是中国社会发展的实际需要，而且反映并更新了中国人的思维方式和价值观念。自19世纪40年代以来，马克思主义对世界产生了深远的影响，在批判资本主义的同时，使社会主义建立在现实的基础上。当今时代，人们对资本主义结构性问题的分析，对社会基本矛盾、社会发展过程、社会认知和评价的研究，仍然要借鉴马克思的历史唯物主义思想方法。

陈先达：马克思主义理论来自对资本主义的研究，资本主义只要存在，马克思主义批判性就会持续发挥作用。共产主义也不是人类历史的最后一站，但它是资本

---

[1]《毛泽东选集》第四卷，人民出版社1991年版，第1471页。

主义发展的下一站。马克思主义哲学之所以仍然有生命力，是因为资本主义的本质和结构性矛盾没有得到解决，少数人占有社会大多数财产的问题始终使人们感到不平和愤怒。在马克思所处的时代，资本主义是既成的社会，社会主义是未来的社会。马克思的重点是分析资本主义社会，但他提出了建设社会主义的原则，强调公有制取代私有制，强调人的自由和全面发展，这些原则是从与资本主义相对立的角度提出来的。列宁因为有了十月革命后一段时期的实践，提出了很多真知灼见。中国特色社会主义理论更是如此。

臧峰宇： 2017年是十月革命胜利百年，人们重新反思列宁领导的这场重大历史事件的意义，思考这个事件对世界经济、社会和文化的影响。它试图解决劳动者与资本家的冲突，在世界历史上开创了现实的社会主义制度，使人们重新理解历史的主体和创造者。这场革命当时得到萧伯纳、毕加索、爱因斯坦等艺术家和科学家的认同，它呈现了一种不同于资本主义社会制度的前景。当时世界上三分之一的人类希望仿效苏联，建设一种新的社会。当然，苏联的历史有很多值得反思的地方。这部历史各个阶段的内容是复杂的，苏联取得了反法西斯战争的胜利，开创了新的科学、思想与文化，体现了国际主义精神，唤起了东方民族的激情，但也在一定程度上造成了官僚政治、民族主义蔓延、社会差别扩大等社会问题。

陈先达：十月革命的伟大意义在于为人类开辟了新的航向，在资本主义世界创造了非资本主义的道路，现代中国选择了这条道路，这意味着新的社会形态取代了旧的社会形态。开启新的航向，这个意义如同法国大革命，法国大革命代表的是资本主义取代封建主义的方向，十月革命代表的是社会主义取代资本主义的方向。苏联社会问题值得反思，苏联解体是社会主义的夭折，但夭折的是苏联模式的社会主义，而不是取代资本主义的社会主义形态。俄罗斯人不会满足于贫富对立的状况，我将苏联解体看作是社会主义的曲折，不是俄罗斯社会发展的最后归宿。俄国发展的历史并没有终结。我们今天的世界仍然是资本主义占统治地位的世界，仍然存在着各种旧秩序的束缚，但马克思主义哲学揭示了社会发展规律，取代资本主义虽然是一个漫长的历史过程，可它具有历史必然性。

臧峰宇：中国早期马克思主义者"以俄为师"，在艰难选择与跋涉中看到了中国的前途，明确了新民主主义革命道路。毛泽东与蔡和森、萧子升曾在书信中讨论中国向何处去的问题，蔡和森强调社会主义是资本主义的反映，其重要使命在打破资本主义制度。萧子升则主张改良，主张"温和的革命"。毛泽东赞同蔡和森，不同意萧子升。当时人们看到东方文明无法抵御西方坚船利炮之猛烈，也看到西方文明沉陷于物质与战争之中，希望找到一种新文明。十月革命有一种新气象，苏维埃政权在瞿秋白等中国早期马克思主义者看来，是一种"贤人政治"。后来人们越来越清楚地意识到，以俄为师，是从革命角度说的，但如何革命，要走马克思主义同中国具体实际相结合的道路。

陈先达：当时，中国知识分子面前有三条路：一是在中国建立资本主义社会，这根本不可能，只能做西方国家的附庸，永远当殖民地。二是强调君主立宪，维护封建政体，搞"中学为体，西学为用"的改良主义，事实证明也是行不通的。一个是向西走，一个是向回走，这两条路都走不通，只能向东北走，向俄国的方向走。马克思主义者向东北走的这条路成功了。这也算是逼上梁山吧。想要拯救国民，当时没有别的办法，只能"以俄为师"，走革命变革的道路。

臧峰宇：这种历史的选择也体现了中华优秀传统文化的时代性，中国文化的主流并不强调个人主义，而强调社会的整体性，强调人的社会关系。梁启超和马克斯·韦伯都曾谈到欧洲有两大思潮——马克思主义和个人主义。当代政治哲学各流派或许都可以从这两大思潮中找到来源。马克思主义强调以社会的名义占有生产资料，并未否定个体满足合理需要的愿望和行为。否则，集体很可能是虚假的。个人主义以个人利益和意志为中心，反对任何力量对个人生活的干涉。强调个人的正当愿望和利益是合理的，但单向度地强调纯粹的个人生活是有问题的，因为人在其现实性上是社会关系的总和。

马克思主义强调人的生活的社会性和总体性，力图实现每个人的自由与全面发展，认为马克思主义否定个性自由与个人对正当利益的追求，是一种误解。同时，也要意识到联合起来的劳动的重要意义，努力实现共同富裕。

陈先达：集体不是个人的简单集合，而是由个人组成的一种利益共同体关系。个人利益是客观存在的，只有当个人不再需要为自己的生存而争夺的时候，集体主义思想和道德才能得到最有效的培养。譬如食堂里的馒头，如果一人只能得到一个，很可能大家一拥而上；如果每个人都可以得到十个馒头，人们可能会慢慢走到食堂，优雅地取用。人的需要与欲望是不同的，真正生理的满足是有限的，比较容易，可欲望无穷。社会财富与个人占有之间存在一种正相反关系，社会财富越多，个人占有的欲望越少，反之越大。这就是马克思说的，当生产力不发展，平均主义只能导致贫穷的普遍化。所以社会丰裕有助于人的道德提高。野蛮、掠夺往往与社会不发展相联系。为什么"饱暖思淫欲，饥寒起盗心"可以同时并存呢？如果没有个体的贫困，人们就不会出卖肉体，不会当强盗和小偷。我们提倡发扬企业家精神，因为真正的企业家的功劳在于为社会创造财富。他们在为自己创造财富的同时，也在为社会积累财富。当然，社会财富只由企业家占有是不合理的，在一个阶段可以通过房产税、遗产税、累进税等社会方式调节。一个社会生产财富越来越多当然是好事，但只有少数人占有大多数社会财富是不公平的。因为财富的真正生产者并不只是作为生产组织者的企业家个人,而是广大劳动者,因此共享共富是合理的。

二

新时代中国马克思主义哲学的现实关注

臧峰宇:马克思曾说过:"问题是时代的格言,是表现时代自己内心状态的最实际的呼声。"[1]马克思主义哲学强调敏锐的问题意识,很多答案可能只是问题的开端,由此提出问题,进而深化对问题的认识,然后探索如何解决问题。毛泽东也说过,矛盾就是问题,解决矛盾就要解决问题。您多年来一直倡导以问题为导向的哲学探索。如今中国特色社会主义进入新时代,我国社会主要矛盾已经转化为人民日益增长的美好生活需要和不平衡不充分的发展之间的矛盾。把握新时代中国社会发展的走向,从系统性、整体性和协同性角度探究中国社会发展规律,有很多值得深思的哲学问题。

陈先达:我们进入了中国特色社会主义建设的新时代,因为中华民族实现了从站起来、富起来到强起来的伟大飞跃。党的十八大以来,我们党解决了很多以前想解决而没有解决的难事,办了很多过去想办而没有办成

---

[1]《马克思恩格斯全集》第一卷,人民出版社1995年版,第203页。

的事，现在社会发展有了新任务，我国主要矛盾发生了新的转化，转化为人民日益增长的美好生活需要和不平衡不充分的发展之间的矛盾。社会发展的不平衡不充分阻碍了人民美好生活的可能性，所以存在矛盾。因此，以经济建设为中心是正确的，我们反对唯GDP，但不能轻视发展经济和增加社会财富。经济上不去，其他问题都难解决。根据全国的情况，我们不能轻言，物质财富的时代结束了，对一部分人来说也许如此，但对全国来说未必如此。我们仍然应该坚持两手抓，在进行道德教育的同时，着力改善民生，仍然是重要问题。把幸福问题单纯归结为内心世界问题，归结为道德问题或自我感觉问题，是不合适的。

臧峰宇： 中国特色社会主义进入新时代，创造了中国式现代化新道路，拓展了发展中国家走向现代化的途径。回首1840年以来，中国有识之士一直希望中国赶上西方发达国家，实现工业、农业、国防、科学技术、国家治理等领域的现代化。从"师夷长技"到"中体西用"，从独立自主到改革开放，中国的实干家和学人经历了对西方国家学习、分析和反思的过程，在历史发展中探索符合国情的社会发展道路。中国现代化当然要借鉴西方国家的先进经验，但作为后发展国家，中国现代化进程晚于西方，不是以战争的方式，而是以和平的方式崛起，完全效仿西方现代化既不可能也不符合社会主义的本质。中国式现代化新道路确实为世界提供了另一种现代化的方案。

陈先达： 西方现代化同时是殖民化的过程，中国现代化是和平发展的过程。中国现代化主要靠独立自主的奋斗，不是靠海盗和掠夺，努力避免西方现代化过程中的失误。当然，很多也没能完全避免，比如生态污染问题，几乎是在迅速发展时难以避免的，只有发展到一定阶段，我们才意识到，并有财力和科技力量逐步解决问题。

现代化与国家独立是不可分的。中国真正的现代化是从新中国成立开始的，没有独立的国家，就不可能有这个国家的现代化。一个国家在被剥削、被压迫的时候是不可能实现现代化的，戴着锁链是不能跳舞的。不解决民族解放的问题，就不能进行现代化，任何国家都是这样的。新中国成立之前，中国生产领域有一些现代化因素，但当时中国还没有实现现代化的能力。李鸿章、张之洞搞的不能算现代化。如果一个国家足球队三分之二都是外援，踢出的是这个国家的水平吗？那算什么呢？一个有觉悟的国民不能称赞被殖民中的所谓现代化。这里有一个历史观的问题。

臧峰宇： 民族独立是现代化的前提，中国现代化当然是中国人探索的现代化，经历过苦难和辉煌的中华民族在百余年的探索中，找到了符合中国文化特点的现代化道路。最近我在思考共同体问题，特别是共同体的现代形式。马克思从历史变迁角度把握共同体的存在形式，从个人与共同体的关系角度确认货币共同体的虚幻本质，提出共同体的理想存在样态，也引发了人们关于社会发展三形态和五形态的讨论。在理解马克思主义共同体思想中国化的过程中，可以看到中国传统文化中的共同体思想与马克思共同体思想有些契合之处。从马克思主义与中国传统文化融合的角度，理解中华民族共同体与人类命运共同体问题也很有必要。

陈先达：马克思关于社会三形态和五形态的理论不是对立的，一个是以人的发展为前提，一个是以生产方式的改变为依据，人对物的依赖在私有制社会是普遍存在的。共同体是一种社会有机体，这确实是马克思主义哲学关注的重要问题，包括建构中华民族共同体和人类命运共同体的问题。中华民族共同体主要侧重民族和谐与国家统一，炎黄子孙都是中华民族的一分子，国家统一是构建中华民族共同体的前提。在历史上曾有各种政权并立的局面，张骞出使西域的时候，西域还是另一种政权。中原、辽金、西藏吐蕃、西夏……慢慢融合在一起，才形成统一的中国。今天，中国人找到一条不同于资本主义制度的通向自己国家和民族的复兴之路。建构人类命运共同体，是我们的外交理念，我们希望与世界各国携手合作，建设相互尊重、公平正义、合作共赢的新型国际关系。

臧峰宇：在中国经济社会不断发展的过程中，人们对生活有了更高的要求，愿望也越来越丰富。在此过程中开始思考"什么是好生活""什么是人的真正需要"这些哲学研究的经典命题。人们对"美好生活"的需要具有丰富的哲学内涵。实现美好生活的需要，意味着更好地满足人民日益增长的获得感和幸福感。为此要消除贫困、改善人民的生活处境、实现社会公平正义。美好生活不仅体现在物质文化层面，而且在民主、法治、公平、正义、安全、环境等方面均有深刻的体现，也具有多样化、多层次的特征。

陈先达：美好生活主要体现了人们的生活质量，不仅体现在物质方面，而且体现在精神层面。人们的美好生活有多方面的需要，这些需要是怎么产生的？还是基于生产关系的改变。人民对美好生活的需要，代表着新的生产关系的要求。中国社会发展已经进入新时代，以公有制为基础的社会已经提供了人民拥有美好生活愿望的可能性，人们有更多的文化需要、受教育的需要。这里也有需要的层次问题，不同的人的需要层次是不同的。马斯洛讲的就是这个问题，最基本的是满足生存的需要，然后才有其他的需要。所以，还要更好地发展生产力。

臧峰宇：发展社会生产力，要以人民为中心，为人民服务。人民是历史的创造者，是改革实践的阅卷人，是实现中华民族伟大复兴的主体。马克思主义哲学强调人民的主体性，强调人民是"真正的英雄"。人民是社会物质财富和精神财富的创造者，是社会变革的决定力量，是历史的"剧作者"和"剧中人"。坚持群众路线，始终把人民利益摆在首位，让改革发展成果更多更公平惠及全体人民，实现全体人民共同富裕，是中国特色社会主义的价值追求。

陈先达：以人民为中心，就是强调为人民服务，这反映了社会主义制度的本质和社会主义发展规律的要求。坚持以人民为中心，是中国特色社会主义发展的动力和价值目标。人民利益是我们考虑一切问题的出发点和落脚点。马克思主义哲学研究就是以人民为中心的，如果忘记以人民为中心，变成纯粹的学术思辨，就脱离了马克思主义理论的本质。"人民"已经成为现代政治的普遍概念，西方国家在国情咨文中都强调"人民"；历代政治家都知道"水可载舟，亦可覆舟"的道理，但他们会不会以人民为中心呢？不会，这是由阶级利益决定的。封建思想家的民本思想是一回事，封建社会的实际情形是另一回事。

臧峰宇：所以，张养浩在《山坡羊·潼关怀古》中说："兴，百姓苦；亡，百姓苦。"封建社会的民本思想具有明显的历史局限性，实际上，以民为本的理想在封建社会从未真正实现过。自马克思主义哲学传入中国以来，中国人逐渐形成了新的历史观，人民成为国家和社会的主人。"从群众中来，到群众中去"，是马克思主义哲学理论研究和处理实际工作的根本方法。向人民学习，与人民心连心，注重提高人民的物质生活水平和精神文化素质，始终为人民提供梦想成真和人生出彩的机会，马克思主义政党就会永葆活力。

陈先达：鲁迅说，中国只有两个阶段，人们做稳奴隶的时代和人们做不稳奴隶的时代。马克思主义哲学强调以人民为中心，体现了理论和实践的统一。马克思主义哲学理论与社会主义制度和党的建设是一致的。古代思想家有很多民本主张，但他们不是统治者，这些主张没有变成现实。"民为贵，君为轻，社稷次之"，当然是对的，但历史上没有一个帝王是这样做的。毛泽东说过，民本主义本质上是牛本主义，草料喂得好一点，是为了让劳动者多出一点儿力。封建王朝初兴的时候往往轻徭薄赋，战乱之后没有太多可剥削的地方，慢慢中兴之后，经济越来越好，剥削就加重了，矛盾加深了，土地兼并严重了，然后农民日子过不下去了，起义了，王朝灭亡了。再来一次，又是这样。中国的封建王朝很少有超过300年的。因此，我们应该懂得古代思想家的民本主义理想和封建社会实际之间的区别。

臧峰宇：这可以说就是中国封建社会的历史周期率。您在很多文章中谈到历史周期率问题，也对苏联解体做过很多反思。毛泽东在延安与黄炎培谈话时说，我们找到了一条新路，就是民主。这条新路可以避免"政怠宦成""人亡政息"。在社会主义建设和改革时期，也要跳出历史周期率。当中国经济发展越来越好，在发扬民主的同时，要全面从严治党，保持战略定力，应对长期而复杂的执政考验、改革开放考验、市场经济考验和外部环境考验，构建河清海晏的社会氛围，实现中国特色社会主义的长远发展。

陈先达：是啊，古人说"攻守异势"，革命时和革命后的任务是不同的。一个是破，一个是立，方式不一样。跳出历史周期率有很多途径，发扬社会主义民主是一种途径，监督政府不要人亡政息。毛泽东在快要进城的时候说，我们要务必继续地保持谦虚、谨慎、不骄、不躁的作风，务必继续地保持艰苦奋斗的作风。在社会主义建设和改革时期，我们找到了中华民族伟大复兴的道路，努力实现社会主义的自我完善和发展。让老百姓的日子越过越好，就是跳出历史周期率的途径。苏联解体的时候，为什么老百姓袖手旁观？因为他们觉得这个政权与自己没关系，这个政权已经脱离了人民。我们要全面从严治党，"党政军民学，东西南北中，党是领导一切的"。全面从严治党，是完善社会主义制度的需要。党的建设也包含发扬民主。保证我们党生机勃勃、永葆青春，才能有效防止历史周期率的重演。

臧峰宇：从马克思主义哲学角度深入阐释历史周期率问题，对研究中国历史和传统文化都有重要意义，有助于深入把握中国历史发展进程中的重要事件和社会变迁。西方马克思主义哲学家很少谈及历史周期率问题，这里既有文化差异的问题，也有执政的马克思主义与不执政的马克思主义的差别。在马克思主义哲学研究中，致力于理论批判与实际建设不同，由此形成的理论风格也不一样。

陈先达：西方马克思主义哲学家对资本主义有很深的认识，但没有合理的执政思路，也没有实质性地威胁资本主义的统治。中国马克思主义者实践地改变社会，这与西方马克思主义评论式的研究不同。在中国，马克思主义的指导地位、党的领导、社会主义制度是一体的，哪一个环节出问题，其他环节都会受影响。西方的政党看重选票，而我们肩负的是民族和人民的前途和命运，所以有明确的奋斗目标。

臧峰宇：实现民族复兴和人民幸福，要秉持新发展理念，实现创新、协调、绿色、开放、共享的发展。中国马克思主义哲学研究面向实际问题，探究辩证思维、历史思维、系统思维、战略思维、精准思维、底线思维与法治思维等体现的唯物辩证法的基本内涵及其现实有效性，深入理解共产党执政规律、社会主义建设规律和人类社会发展规律，把握中国道路的深层本质。在推进理论研究走向纵深的同时，研究新时代中国社会发展进程中的各种内在联系，实现了哲学思维方法与实际工作方法的内在融通。

陈先达：马克思主义哲学思维方法与工作方法是一致的，唯物辩证法强调我们在工作中总揽全局。贯彻新发展理念，要以哲学思维方法促进实际工作。思维方式不是简单的工具，而是与理念水乳交融的。我们在工作中既要有全面的观点，也要有长远的观点。历史思维、辩证思维、系统思维等从根本上说都是哲学思维。社会正常运转需要基本的底线，我们做人、做事不能违背基本的底线道德，底线思维和法治思维还关系到以德治国和依法治国的问题。新发展理念关涉全部社会生活，将社会作为有机整体来考虑。

臧峰宇：中国马克思主义哲学因而体现了赋于现实内涵的实践逻辑。在中国特色社会主义新时代，中国日益走近世界舞台的中央，体现中国特色和时代精神的21世纪中国马克思主义哲学，在回答中国问题的同时，为解决全球治理问题贡献中国智慧。进一步促进新时代中国马克思主义哲学发展，需要构建中国马克思主义哲学话语体系，在继承中外优秀哲学思想的基础上推陈出新，加强中外马克思主义哲学领域的对话。

陈先达：构建中国马克思主义哲学话语体系，当然要继承中国优秀的哲学传统，借鉴西方优秀的哲学思想，丰富马克思主义哲学的时代内涵，这是马克思主义哲学中国化的重要内容。中国马克思主义哲学话语体系围绕中国问题展开，回答中国问题，用时代的视角充实理论内容，用中国人喜闻乐见的方式来表达。对很多传统概念的新界定和新解读也是一种新话语，因为我们在新阐释中为这些概念赋予了新内涵，比如中国特色社会主义、社会主义市场经济、以公有制为主体多种所有制经济共同发展，都是中国马克思主义哲学话语的重要内容。社会发展中的很多问题既是中国的问题，也是世界的问题。在这个方面，关键是构建中国理论，为社会主义赋予具有中国特色的时代内容。我相信，随着中国社会发展越来越好，中国马克思主义哲学一定会发扬光大。

叁

文化自信与新时代中国文化发展的哲学沉思

臧峰宇：文化自信体现了中华民族在现代化征程中对自身文化生命力的信心，是新时代中华民族的精神标识，对实现中华民族伟大复兴具有基础性意义。您曾在《光明日报》发表了《马克思主义与中国传统文化》《文化自信中的传统与当代》《文化自信的本质与当代意义》等长文，深入阐述了文化自信的主体、本质与当代意义，在历史语境中阐释了文化自信的学术内涵。从中可见，理解中华民族的文化自信，需要从马克思主义哲学角度，探究文化发展何以在中华民族走向现代化的百年历程中发挥重要作用，需要把握中华优秀传统文化在社会主义现代化实践中自我更新和自我发展的规律。

陈先达：历史并非意味着过去，它影响现实，昭示未来。回顾中华民族近代以来的历史，可以清楚地看到，中华民族是中华文化的主体，要形成和维护统一的中华文化，就必须有一个统一的国家。当一个国家发生分裂，它的文化发展往往会中断。你说得对，要从马克思主义哲学角度来研究它的本质，把握中华文化的发展规律。这种研究要有历史视野，近代历史表明，中国人没有失掉民族文化自信力：中华民族的文化自信孕育和培养了我们党的文化自信，我们党将马克思主义文化观与中华民族的文化自信融合起来，实现了中华优秀传统文化的创造性转化和创新性发展。所以说，文化自信与国家强大和民族独立密不可分，这里体现了经济基础和上层建筑的关系。我反对在纯粹文化范围内争论中国文化出路和文化自信问题，从中国近代以来社会发展实际看，没有中国社会的变革，没有民族独立和经济繁荣，我们的文化发展远不会是现在这个样子。

文化自信的历史传承与哲学内涵

臧峰宇：是的，文化自信反映了综合国力和社会发展的整体水平。理解文化自信有一个长线逻辑，就是中华民族五千年文明史：从春秋战国的诗书礼乐，到汉唐宋元的诗词曲赋，到明清的杂剧传奇，历代思想家创造了丰富的文化典籍和影响深远的哲学华章，正如张载所言："为天地立心，为生民立命，为往圣继绝学，为万世开太平。"中华文化也在海外传播的过程中与异域文化交融创新。理解文化自信还有一个短线逻辑，就是马克思主义传入中国之后，实现了中华优秀传统文化的创造性转化和创新性发展。这是中华文明史上一件开天辟地的大事，由此开始的中国革命、建设和改革激活了中华民族的文化生命力。

陈先达：我一直强调，我们有五千年历史和没有发生中断的文明，有保存得比较好的中华文化经典。如果不懂中国历史，尤其是不懂近百年中国的奋斗史，就不可能懂得中国革命、建设和改革的历史，就难以理解文化自信的丰富内涵。这大概就是你所说的长线逻辑和短线逻辑。人们常说，儒家文化圈有很强的辐射力，这表明中华文化具有深厚的历史价值；马克思主义改变了中国文化结构，增加了新文化因素，正是中国革命的胜利使中国传统文化得以复兴。文化复兴依赖于民族复兴，当中国处于半殖民地半封建社会，我们的文化就被西方列强践踏和蔑视；当我们在建设和改革的进程中取得重大成就，我们的文化就会勃兴。当然，我们也要有世界眼光，毛泽东早就指出："各资本主义国家启蒙时代的文化，凡属我们今天用得着的东西，都应该吸收。"❶ 今天，中华文化早已不是纯粹传统的古代文化，而是在文化交流中不断更新。

臧峰宇：这正是中华文化具有自信力的底气所在，马克思主义使中华文化具有科学理性精神，恢复了中华民族生气勃勃的文化信心。近代以来的历史表明，国家独立和富强是文化自信的基础，中国经济社会发展举世瞩目，中华文化才会吸引世界的目光，也才会走向世界舞台的中央。这与在国家积贫积弱时坚守中华文化主体性的境遇不同，真正爱护中华文化的人在任何时候都会珍爱我们民族的文化，也会在民族艰难的跋涉中奋力捍卫中华文化的精神价值。但经济社会繁荣可以强化中华

---

❶《毛泽东选集》第二卷，人民出版社 1991 年版，第 707 页。

文化的信心，这里有一个辩证关系。

陈先达： 就是这个道理，各民族的文化都有其主体性，都与所在社会的经济发展水平相关，也都会对经济社会发展发生反作用。新中国成立以来，我们自主选择了发展道路和社会制度，发展了中国化马克思主义理论，也将实现现代转化与创新的中华文化发扬光大。当然，其间也有过挫折，也付出了文化建设失误的代价。历史表明，只有坚持民族文化精神，才能进一步促进中国经济社会发展，才能实现中华民族伟大复兴。正是在中国发展过程中，我们认识到西方"普世价值论"的谬误，认识到西方制度和道路不是社会发展的唯一模式，也对中华民族文化发展史与中国马克思主义文化理论与实践有了更明确的认识。

臧峰宇： 文化自信也反映了中华文化的自我超越，任何有活力的文化传统都是不断发展的，都要与时偕行、开拓创新。任何传统中有生命力的文化基因都会在时代发展中实现自我更新，都会彰显时代精神。生生不息的文化传统不是现成的，因而也不应只固守传统，真正珍视传统文化的价值，就要使之在新的时代条件下发扬光大，而不能与历史发展的方向相背而行。只有发扬传统文化中"活的东西"，才是尊重和传承传统文化应有的态度，这里有一个新旧文化转化的问题，以新文化取代旧文化，体现了文化发展的基本规律。

陈先达： 任何民族的文化都是一个有机整体，是一个活的有机体，总要继承传统、推陈出新，随着社会发展而变化。一个有深厚底蕴的文化不能中断传统，不能失传和断流，更不能无迹可寻。人们在创造文化的同时，总是从已有的思想资源中寻找与新的时代条件相适应的文化形态，如果不能适应时代发展的要求，文化传统就会断流。当然，任何文化都不应抱残守缺，文化传统是不断发展的，在发展中既要保持文化的精神基因，也要丰富其时代内涵。强调文化传统的价值，不是为了给被历史淘汰的旧文化"招魂"；强调文化传统的时代更新，不是为了抹去以往的文化记忆，必须反对文化虚无主义和保守主义。

臧峰宇：您说得太好了，在对待中华传统文化与五四以来的新文化建设的关系问题上正是如此。五四运动时的先进知识分子中有不少人深受儒家思想的影响，但他们引入马克思主义，作为中国社会发展的指导思想。这也体现了儒家"修齐治平"的担当精神。后来的文化建设有过失误，也有关于"打倒孔家店"的若干讨论，但从总体上看，现代中国文化取得了可观的成就，实现了中华文化的发展与繁荣。中国传统文化在时代发展进程中不断进行创新性发展，这在革命文化和社会主义先进文化中都有丰富的体现。我们既要传承经典，也要进行体现我们时代发展水平的文化创造，镌刻我们时代的文化记忆。

陈先达："打倒孔家店"是一个具有象征性的口号，

它本质上是反对旧传统、旧道德，而不是反对中国传统文化。陈独秀、鲁迅那一代学人没有从根本上否定传统文化，他们批判的是旧道德"杀人"、寡妇不能再嫁之类。中华优秀传统文化和中国人民在革命斗争中以鲜血和生命创造的革命文化之间存在继承和革新的关系。孟子说："富贵不能淫，贫贱不能移，威武不能屈。"这在革命先烈舍生取义的气节上得到了生动体现。五四运动以来的文化建设有过失误，但成就是主要的，我不同意将摧毁传统文化的污名归咎于五四运动以来的中国文化选择，这个观点的本质是文化保守主义。对待传统文化的极左思潮和试图复活旧道德旧礼教的想法都是要不得的。在这方面，既要反对无原则的复古思潮，也要反对"全盘西化"；既不能数典忘祖，也要不忘初心，否则就无法实现中华优秀传统文化与中国革命精神的结合。

臧峰宇：这也与对现代化的理解有关，从文化现代化的角度看，确实有一个"去粗取精，去伪存真"的过程。有生命力的文化经典往往会"永流传"，总是体现人文日新的精神。当然，失传的情况也不少见，由于很多复杂的历史原因，有些著名的传统文化典籍，人们只知其名而无其书，有的可能后人连名字都不知道，就湮没在历史的烟尘中了。因此，保护文化遗产，使之在新的时代条件下焕发生机活力是一项重要工作。

陈先达：还有一个"取其精华，去其糟粕"的问题。"取其精华，去其糟粕"实际上是一种文化评价，在不同时代会有不同的评价标准。到我们这个时代，不能说留下来的都是精华，文化糟粕已经被历史自然淘汰完了，实际上我们仍然会面对一个区分传统文化中的精华与糟粕的问题。传统文化有机体是复杂的，文化精华与文化糟粕在一起，不像一个筐里的苹果，好坏一眼就可以看出来。区分文化精华与糟粕，是一项需要严肃认真深入展开的学术研究。

臧峰宇：这项研究需要深入持久的探索，文化评价以及在实践中的文化发展都要增优汰劣，需要进行与时代发展相适应的文化选择与文化创造。进一步促进中华优秀传统文化现代化，既要考虑如何生发传统文化的内在价值与时代内涵，也要考虑中华优秀传统文化在现代化进程中如何进一步走向世界。为此，应在比较哲学与比较文化研究中深化对中华文化的本质特征的认识，使之在世界舞台上大放异彩。

陈先达：传统文化有机体的构成是可变的，否则就不是有机整体了。道德观念和风俗习惯也是变化的，没有不变的道德观念和风俗习惯。但变中又有不变，这就是贯穿于文化传统的基本价值和民族精神。传统文化是以文化传统的方式来传承的，要使优秀传统文化永远成为一个民族的文化传统，必须使其在实践中被激活。片面强调保持原汁原味，就会使传统文化硬化为文化化石。我们要在进一步实现马克思主义同中国传统文化相结合的过程中，既推进马克思主义中国化，又实现中华优秀传统文化的创造性转化和创新性发展。

臧峰宇：正如您所说，文化自信是对中国化马克思主义理论、中国特色社会主义制度和中国发展道路的自信，是对一脉相承的中华优秀传统文化、红色革命文化和社会主义先进文化的自信。这种自信反映了现代中国文化结构的历史性、时代性和开放性。作为更深层次的自信，文化自信是实现中华民族伟大复兴中国梦的文化前提，这不能被简化为民族主义，因为中华文化发展并不排斥与外来文化的交融与对话，而是考虑在自我创造的过程中汇聚文化发展的合力，形成与建构人类命运共同体相适应的新文化形态。

陈先达：文化自信主要指的是中国共产党人的文化自信，相信我们党是中华优秀传统文化的真正继承者和发展者，完全有信心带领人民实现中华民族伟大复兴。文化自信是一个时代性课题，与中国道路、理论和制度连在一起。西亚、北非地区，例如现在的伊拉克、叙利亚、伊朗、埃及等国家在历史上都有过璀璨的文化，由于种种原因，古代文化发展断流了。中国传统文化没有断流，因为中国始终是中国，是一个没有发生过长期分裂的国家。国家统一是中国历史的主流。中国传统文化与革命文化、社会主义先进文化具有连续性。文化自信本质上是对自强不息的民族精神和与时俱进的思想创造力的自信。文化自信不是盲目的，而与文化自觉一致，自觉意识到中国文化的历史传统、文化积淀、基本精神和突出优势。当然，我们也对传统文化的精华和糟粕有清醒的认识。提倡文化自信与文化民粹主义是完全不同的两回事，我们以开放的态度对待世界优秀文化，主张和而不同，主张文化交流，反对文化霸权主义和文化民粹主义。

臧峰宇：由此也可以想到相应的价值观自信，通常认为，文化的核心是价值观，价值观的核心就体现为核心价值观。社会主义核心价值观是当代中国社会发展的精神生命，培育和践行社会主义核心价值观意义重大。当中国经济发展取得可观的成就时，"什么是社会发展的精神制高点"就成为值得思考的重大问题。如果说社会主义是中国的人间正道，那么我们就应当读懂沧桑岁月的精神支点，进而凝聚全社会的合力，实现更高远的物质和精神追求。在这个意义上，作为一种文化形态的马克思主义哲学无疑体现了明确的价值观。

陈先达：培育和践行社会主义核心价值观，可以被看作是传统文化创新和转化的范例。让更多的人理解和认同社会主义核心价值观，需要用中华优秀传统文化来阐释，但我们不是以与中国传统文化范畴简单对照的方式来确认社会主义核心价值观的。社会主义核心价值观分为国家、社会、个人三个层次，这与传统文化和道德观念的基本精神和家国一体的原则一致，但我们是立足于社会主义制度的本质和实践来倡导和践行的。马克思主义哲学当然具有价值观，信仰马克思主义就包括一种价值观自信。我们既不会割断自己的精神血脉，也不会忘记时代发展的要求，而要认真面对社会主义市场经济中的一些实际问题，切实实现国家治理体系和治理能力现代化，进一步促进社会主义文化现代化，把它转化为现代文明。

臧峰宇：促进社会主义文化现代化，关键在于人的素质现代化。鲁迅曾为中国人的国民性感到担忧，认为中国自古不乏民族的脊梁，但如何让蒙昧的人们自我觉醒，在近代以来的中国是一个大问题。文化是由人创造的，归根结底反映了人的文明程度。没有人的素质现代化，就不会有社会各领域的现代化。推动社会主义现代化建设，要以人民为中心，关键在人。正如您所说，文化建设不只是文化人的事情，而是社会全方面的系统工程。只有促进人的素质现代化，实现社会各领域的现代化，才能真正焕发我们民族的自信力。

陈先达：我们的民族是有自信力的，我总是想起鲁迅的话："我们从古以来，就有埋头苦干的人，有拼命硬干的人，有为民请命的人，有舍身求法的人……这就是中国的脊梁。"[1] 民国时期出现过一些著名学者，但当时中国国势屡弱，文盲众多，在国际上没有发言权。现在的情况完全不同。我们国家从站起来、富起来到现在逐渐强起来了。我们的文化自信力得到空前的强化。我们要加强文化建设，建设文化强国。文化建设是一个系统

---

[1]《鲁迅全集（编年版）》第八卷，人民文学出版社2014年版，第252页。

工程，其中就包括促进人的素质现代化，这就要加强文化教育和科学研究。要培养人，发挥人才的作用。在文化建设中知识分子负有重大使命，但知识分子和文化人只有与人民同呼吸共命运，才能得到人民的认可，才能创造出无愧于时代、无愧于民族的精品力作。

臧峰宇： 是的，毛泽东说："自从中国人学会了马克思列宁主义以后，中国人在精神上就由被动转入主动。从这时起，近代世界历史上那种看不起中国人，看不起中国文化的时代应当完结了。伟大的胜利的中国人民解放战争和人民大革命，已经复兴了并正在复兴着伟大的中国人民的文化。"[1] 马克思主义哲学在同中国具体实际相结合的同时，也实现了同中国文化的融合，获得了哲学理论创新的中国形式和中国风格。从此，中国人对文化的本质和文化发展规律有了更具现实性的理解，也有了促进现代中国文化繁荣的自觉。这种自觉在实践中逐渐明晰，也在积聚文化发展经验的过程中推陈出新，使文化不断满足人们的需要。

陈先达： 文化自信是建立在对中国文化载体中内在蕴藏的中国精神、中国智慧和中国理念的总体性理解的基础上的。它来自对源远流长的中华文化传统和内在于传统的伟大精神、智慧与理念的体认和继承。当中华优秀传统文化同马克思主义基本原理相结合，就形成了促进中国社会发展的崭新的文化形态。我向来反对马克思

---

[1]《毛泽东选集》第四卷，人民出版社1991年版，第1516页。

主义不强调精神境界、不强调主观能动性的看法。马克思在青年时代就说过，精神是一种武器，是一种批判的武器。他强调思想的能量如电闪雷鸣，这种能量一旦沁入人的心灵，就会发挥无比巨大的威力，就会像高卢的雄鸡一样高鸣。马克思主义哲学强调主观能动性，但同时也强调客观规律，因为不遵循客观规律的主观能动性是盲目的。这有助于我们深刻理解文化的功能和历史作用，有助于确认文化的现实价值，使之推动社会发展抵达新的高度。

臧峰宇：确实，应深刻理解文化的功能和历史作用。文化是一个活的有机体，有一个新陈代谢的过程。理解历史，就要理解历史活动中的人，理解他们的情感、思考和选择，以及在这些历史人物中间发生的重要事件。把握文化发展的趋势，应当首先理解文化所处的经济社会关系。既要看历史文献，也要领悟若干"无字"的历史记忆。有时这些"无字"的历史记忆可能更加真实，对人们更有启发性。文化总会体现一个时代的经济基础和社会风尚，总会展现一个民族创造历史的精神印记，因而具有一种总体性特征。

陈先达：一个民族的历史是具有连续性的总体结构，历史断裂意味着这个民族的消失或分裂。历史就其客观性而言，是曾经的存在，是尝然，留下来的是历史的陈迹，包括地下的、地上的，包括文献和资料。曾经的历史创造者，连同历史本身都成为过去，即所谓的"大江东去，浪淘尽，千古风流人物"。杰出人物可能还有历史记载，可直接创造历史的普通人，包括种地的农民、劳动的工人，以及各行各业的普通劳动者，都是无名无姓的"小人物"，这些无名无姓的"小人物"也参与着历史的创造。如果历史只有"大人物"，没有"小人物"，社会能存在吗？人类有历史吗？这是个明显的道理，但这个道理被歪曲了多少世纪。马克思主义关于人民群众与个人在历史上的作用第一次把这个道理讲清楚了。

臧峰宇： 确实，社会的大多数都是历史的"小人物"，没有"小人物"的历史其实是不可想象的。参与历史创造的"小人物"是历史的主体，日常生活就是芸芸众生的世界，是人类历史的现实世界。"大人物"都来自人民，也都要依靠人民创造历史，历史归根结底是由人民创造的。因而，所有的普通劳动者都是社会的主人翁。在这个意义上，马克思主义历史观是全面的、真实的，从中看到的历史是鲜活的、生成着的。

陈先达： 其实，历史不仅是过去，历史和现实之间不是对立的，一个民族的历史以传统和影响、以历史基因存在于现实之中。现实不是天上掉下来的，没有历史的所谓"现实"是不存在的。在文化观上，我们也应该坚持这个历史唯物主义观点。伟大的思想家在文化创造中的作用当然是巨大的，但普通人在文化上的创造作用是最容易被抹杀的。站在文化前台的都是文化人，而支撑整个社会存在包括文化活动的普通人是在历史的后台，劳动和生活是思想和文化的源泉，是深层的，不容易被发现的。在我们的文化观中，特别重视国家、民族、人民这三个因素。民族是文化的主体，国家是文化的屏障，人民、与人民共命运的伟大的思想家，是文化的创造者。如果国家灭亡了、民族分裂了，这个民族的文化就消失了、碎片化了。只有国家统一、民族团结、教育普及，我们国家的文化才能持续繁荣兴盛。

臧峰宇：是的，研究文化问题当然要理解文化的历史渊源和发展过程，但关键是以历史的观点研究文化的走向，而不应从文化的观点研究历史的走向。从历史唯物主义角度看，文化作品不仅有超越时代的价值，更有满足时代发展需要的价值。一个时代的文化活力总是基于经济社会发展的水平，文化研究和文化创造因而总要反映时代的关注。文化进步总是在社会进步中实现的。社会发展会带来一些需要在文化层面深思的问题，也会实际地推动文化发展，由此进一步提升文化自信的底气。

陈先达：所以，恩格斯说，社会的需要，比办十所大学更能把科学推向前进。文化自信不是孤芳自赏，实际上体现了对道路自信、制度自信和理论自信的文化支撑力自信的表达。中国特色社会主义道路、理论和制度的成就，中华民族从站起来、富起来到强起来的历史性飞跃，更加增强了文化自信的底气。一个处于半殖民地半封建社会的国家的文化，与一个成为世界第二大经济实体、和平发展中的社会主义国家的文化相比，哪个更具有文化自信的底气呢？一个经济落后不断挨打，处于世界边缘的国家的文化，与日益走向世界舞台中央的中华文化相比，哪个更具有文化自信的底气呢？这是不言而喻的。随着中国经济社会的持续发展，文化自信的底气会不断提升。

臧峰宇： 一个民族的文化在经济社会持续发展的境况下与其在贫穷落后的状态中确实是不同的，尽管在经济贫瘠的岁月也可能产生足以传世的文化力作，但这并不足以塑造引领时代的精神境界。百年来，中国有识之士在审慎的历史选择中，逐渐使中国走上繁荣富强的道路，在筑成我们新的长城的过程中实现了文化重建，并不断优化中国文化生态。文化发展总要满足时代的要求，不能固守成规、亦步亦趋，而应超越既往、别开生面，在社会主义现代化进程中获得与时俱进的生命力和创造力，形成饱满昂扬的精神力量。

陈先达： 相比于民国时文盲遍地、教育落后的情形而言，新中国成立以来，中国文化更好地实现了繁荣发展。尽管期间也有过挫折，但我们的民族在反思中实现了文化重建，绽放了文化的时代光芒。今天，中国带着中国特色社会主义建设的伟大成就，带着构建人类命运共同体的主张，带着解决世界面临的问题的中国方案，自信地走向世界舞台的中央。这种自信，既是对我国历史上博大精深、为人类文明创造出不可磨灭的贡献的文化的敬意，也是对创造中华民族文化的我们的祖先的礼敬，包含对永不屈服、前仆后继的革命先烈的崇敬，对社会主义建设时期无数先进人物及其文化成果的敬意。今天，中国特色社会主义道路、理论和制度在不断完善，中国特色社会主义文化在不断发展，我坚信在新时代中国文化将在世界舞台的中央绽放异彩，更好地促进中国经济社会发展。

二

新时代中国文化发展的哲学沉思

臧峰宇： 是的，这是我们对中国文化应有的信心，这种信心基于对社会发展规律的一种认识。如果我们将马克思主义哲学理解为一种文化观念体系，那么可以说，这种文化观念体系在百年来中国社会文化发展格局中占据了重要位置。以文化自觉和文化自信实现中国文化繁荣与发展，体现了中华民族的思想自我，也反映了中国马克思主义哲学研究者的文化使命。关于文化结构，方克立先生说过"马魂、中体、西用"，您曾谈到过中国传统文化、革命文化和社会主义先进文化的有机体，从不同角度反映了现代中国文化的内在构成。

陈先达： "马魂、中体、西用"是一个横向的说法，讲中国传统文化、革命文化和社会主义先进文化是一个纵向的说法。革命文化与社会主义先进文化都体现了中外文化融合，马克思主义是其中的灵魂。只在血缘关系和小农经济基础上谈中国传统文化的现代价值，既不可行，也不现实。今天建构新文化，既要发扬传统文化的现代价值，也要医治西方现代化之病。这都有一个马克思主义同具体实际相结合的问题。我总是觉得，有些西方马克思主义哲学家只是沉溺于书本，将马克思主义与书斋相结合，这很难医治西方现代病。有些学者想当然地以中国传统文化医治西方现代病，我看恐怕也是行不通的。西方资本主义社会弊病的根源是它的制度，而不是单纯因为道德或价值观的某种弊端。这是一个社会制度的改造和重建的问题，是要在现实中解决的问题，而不是通过输入另一个国家的文化就能解决的问题。

臧峰宇：对中国传统文化的价值，既要深刻认识其经久的思想内涵，更要实现其创造性转化和创新性发展。历史是往前走的，以前现代的药方治疗现代病，固然有提醒人们反思现代生活方式的意义，恐怕未必会起到根本的作用，因为现代生产方式、认知方式和人们的价值观念都发生了很大的变化，我们也无法回到过去。能够治疗现代病的传统文化思路大概都要经过现代转化，都有一个符合实际的创新性发展的问题。在这个意义上，现代中国文化体现了对传统文化精华的继承，当然也有不容忽视的时代创造和历史选择。

陈先达： 有些问题，我看在理论上或者说在文化观上没有讲清楚。我打开电视，不断出现的就是"乡思""乡愁"这种话语，我不知道是何意？从文化观来说，沉湎于农业社会中的那种乡思、乡愁，我以为是不可取的，"家家扶得醉人归""隔篱呼取尽余杯"，陶渊明式的乡思、乡愁，永远一去不复返了。农业现代化、农村现代化、农民工人化是不可避免的。我们应该宣传人与自然的和谐共生，保护青山绿水，但必须发展，而不是原封不动地保护原来的农村风貌和生活方式。我们不能朝后看，必须朝前看。关键是传统与现代如何结合，这是现代化进程中的一个难题。

臧峰宇： 这个问题确实很难，怀旧有时不可避免，人们对过去总会有些惦念，难忘过去的人和事，这种情感也是可贵的。但无论如何惦念过去，我们都不能重新来过，生活总是朝前走的，沉浸在对过去的留恋中止步不前，必然与历史发展趋势相背。怀旧的思绪或故地重游时的感喟，其实是为了更好地理解现在，理解我们曾经走过的路，理解我们现在的坚守与选择，从而更好地走向未来。在这个意义上，传统与现代的结合是一个好方案，做到恰到好处是必要的，但这并不容易。

陈先达： 这就要继承传统文化的精华，但关键是创造性转化。譬如民本主义，的确包含治国理政的重要思想。但必须看到，这是中国传统文化的精华，是思想家们的理想，而非封建社会的政治现实。古代帝王所谓

"民本"，所谓"载舟"与"覆舟"之说，都是在突出"用"民的意义上说的。真正能实行"民为贵，君为轻，社稷次之"的封建帝王似乎没有过。马克思主义传入中国，我们党在领导人民进行革命、建设和改革的进程中，始终强调"从群众中来，到群众中去"。我们党来自人民，对人民有深厚的感情，与人民不只是舟和水的关系，更是血和肉的关系。我们传承民本思想的精华，但要实现创造性转化。

臧峰宇：弄清楚这个问题，才能更好地理解文化发展的目的，才能更好地理解文化自信的实质。文化自信体现了对国家和民族的历史传统的尊重与热爱，但并不是把历史上一切文化活动和文化作品都视为好的。真正反思传统中不好的内容，实现人文日新，才具有文化自信的底气。鲁迅揭露传统伦理和礼教"吃人"，对很多思想落后、受旧思想束缚的人，"哀其不幸，怒其不争"，说过一些批判的话，旨在启蒙，创造中国的新文化。毛泽东说："鲁迅的骨头是最硬的，他没有丝毫的奴颜和媚骨，这是殖民地半殖民地人民最可宝贵的性格。鲁迅是在文化战线上，代表全民族的大多数，向着敌人冲锋陷阵的最正确、最勇敢、最坚决、最忠实、最热忱的空前的民族英雄。鲁迅的方向，就是中华民族新文化的方向。"[1] 创造新文化，就要实现符合时代发展要求、满足人民需要的文化创新，就要在创造美好生活的过程中实

---

[1]《毛泽东选集》第二卷，人民出版社1991年版，第698页。

现文化繁荣。

陈先达：文化自信以爱国主义为前提，也要反思传统文化中的若干问题。我们反对文化虚无主义，反对向自己的民族文化吐口水，但也不能回避传统中的糟粕，更不能在现代社会复活这些糟粕。我们要反对以尊重传统文化为名义复活旧的风俗，尤其是婚礼、葬礼，以及人际交往中一些坏风坏俗，应该提倡新风新俗。在传统文化中，风俗习惯最容易保守而且最为顽强。道德非常重要。我们要提倡道德自觉、自律。但是道德不是一种口号，而是要重践行，要做有道德的人，而不做一个只说道德的人。我们要防止由于提倡道德，尤其是泛道德化，进行道德绑架，这样容易制造伪君子、两面人。在现代社会，规则的重要不容小视，按规则办事比只讲道德更有效。弘扬中华传统美德当然必要，但更重要的是将道德建设与法治建设和社会建设结合起来。要讲道德、重法治、立规矩。善是不断进步的，恶也在现代社会升级，做地沟油、三聚氰胺奶，就是古人想不到的。处理现代社会的道德失范问题，得有现代化措施，形成良好的道德风尚和社会氛围，这样才能更好地提升人的道德素养。

臧峰宇：移风易俗是实现传统文化现代转化的重要路径，风俗是文化的重要表现，而且在日常生活中具有直接现实性。这就要辨别哪些是不符合时代发展要求的风俗习惯，才能摆脱文化保守主义的束缚，形成以时代新风取代坏风坏俗的文化举措。移风易俗的关键是形成符合时代精神的道德风尚。在现代社会，道德的内涵以及对人们行为的道德评价都是现实的，既考量道德的内在规定，也考量道德实践的现实效用，这与传统道德观念有很大差别。

陈先达： 道德问题，不能归结为人的本性问题。相信人人皆可为尧舜当然好，但这只是一种学说，不是事实。人性问题是争论不休的，但我一直认为，不能一说"人性"就认为是好的，而且把人性作为衡量文学的最高标准。其实，人性有光辉的一面，也会有丑恶的一面。无论是光辉的还是丑恶的，都有其社会原因，如果对人性的描述只停留在人自身而不涉及产生它的背后的社会原因，就什么也说不清。人就是人，既要看到人的自然本性，更要理解人的社会本性。如果只是在人与文化之间打转转，说文化是人的产物，人是文化的产物，把人与文化结合的重要纽带即社会置于视野之外，那能说清楚什么呢？

臧峰宇： 确实，只有把人与文化置于社会视野中考量，才能看到人与文化都是历史进程中的社会存在。创造新文化与文化现代化具有内在关联，传统文化要实现现代化，在新时代也要创造符合经济社会发展要求的新文化，实现现代化的传统文化与在新时代创造的新文化既相互促进，也会合流为一体。这也涉及传统文化与现代文化的关系问题，今天文化发展越来越体现世界性，在历时性和共时性的维度都体现出一种综合创新。我们可以在北京买到伦敦、巴黎、东京的文化产品，中国的文化产品也进入英国、法国、日本的文化市场，这些产品之间有相互借鉴的诸多元素，也保持了各自独特的文化风格。

陈先达：不同文化在现代社会的对话与交融是很常见的，因为历史逐渐走向世界历史。有人担心我们穿西装、吃西餐、坐飞机、乘高铁、用微博和微信，生活中有很多进口的东西，就被"胡化"了，这种担忧大可不必。其实，各民族的文明从来都是相互影响的。在日本、韩国和越南，也有汉化、唐化的现象。我们可能吃进口食品，用进口日用品，在西方社会也到处可见"中国制造"，甚至是"中国创造"。不能把文明的传播、相互引进借鉴和全盘西化混为一谈。全盘西化的本义指的也不是文化交流与借鉴，而是指抛弃自己的民族文化传统和历史传统，抛弃自己的制度优势和政治优势，企图仿效西方的政治制度。改革开放让中国参与世界性交往，但中国仍然是中国，中国文化仍然是中国文化。中国有自己的发展道路。我们的道路，是中国共产党人以马克思主义为指导，根据我们的历史和文化合力所作的最佳选择。今天，我们还要接受更多外来的优秀的文化产品，中国文化产品也要更多更好地走向世界。

臧峰宇：是的，我们要有开放的文化心态，也要坚信中国文化悠远绵长的价值。香港九龙电子表厂的工人歌手张明敏，在1984年春节联欢晚会上以一首《我的中国心》唱红大江南北："洋装虽然穿在身，我心依然是中国心，我的祖先早已把我的一切，烙上中国印。"我们的文化传统具有坚韧的生命力。从历史经验看，中华文化具有开放包容的文化格局，具有吸收外来、洋为中用的品格，这也体现了不忘本来、面向未来的文化发展思路。只有这样，才会在文化比较与文化重建中实现文化对话，避免文化冲突。

陈先达：毛泽东在与音乐工作者的谈话中用织帽子来比喻，说学外国织帽子的方法，要织中国的帽子。外国有用的东西都要学，用来改进和发扬中国的东西，创造中国独特的新东西。他还说，应该越搞越中国化，而不是越搞越洋化，要洋为中用。只有深刻认识自己民族的文化，了解其他民族的文化，才能更好地实现文化对话，避免文化冲突。这里也有一个从社会历史的角度理解文化的问题。当代世界的矛盾和战争似乎体现为文化冲突，其实往往都不是单纯的文化冲突问题，而是霸权和利益的对抗。历史证明，文明不同的国家会发生战争，文明相同的国家也可能发生战争；文明相似的国家可以结盟，文明不同的国家也可以结盟。两次世界大战是这样，美苏争霸是这样，当今很多国际冲突也是这样。

臧峰宇：是的，表面上的文化冲突有时源于文化之外的力量，实际上是由利益关系和政治选择引发的。从社会历史角度看文化，应重视文化之于经济社会发展的现实作用，在避免文化冲突的同时，形成合作共赢的思维方式。从文化决定论角度看文明的冲突，试图从文化内部解决冲突问题，很可能把问题想简单了。因为文化不是在真空中自我生成的，而是在社会历史发展进程中实践生成的，没有人的历史选择和对象化活动，就很难理解文化的实体性样态。在历史进程中生成的文化都有其传统，文化传统是有生命的，文化自信因而有深厚的历史底蕴，或者说在文化史中总会定格一些醒目的坐标，让我们记住本来。

陈先达：这就要不忘初心，不忘自己的本来，坚定推动社会发展的精神信念。我有时想起秋瑾的咏梅诗："冰姿不怕雪霜侵，羞傍琼楼傍古岑。标格原因独立好，肯教富贵负初心？"有很多感慨，秋瑾这一代为革命而牺牲的豪杰的初心是推翻腐败的清政府，追求国家的自由和独立。铁人王进喜这一代人的初心是让中国走出一穷二白的状况，追求国家的强大和自主。改革开放以来涌现了很多英模，他们希望在奋斗中使中国赶上时代，追求国家的繁荣和富强。他们的初心体现了对国家和民族的深厚感情。我们今天建设文化强国，就要不忘初心、牢记使命，传承一代代中国有识之士的精神火炬。要充分认识到，没有文化复兴，就不能全面实现现代化，中华民族的复兴就会因缺乏精神和文化的支撑而后劲乏力。

臧峰宇：文化是一个丰富的有机体，强化我们时代的文化精神，就要澄明我们时代的哲学，彰显文化活的灵魂，就要使我们时代的文艺绽放异彩，就要完善哲学社会科学学科体系、学术体系和话语体系。这也有一个文化自觉的问题。实现文化繁荣兴盛的哲学前提是焕发文化发展的自我意识，确认中华民族文化发展的自我主张，进而彰显经济社会发展的目的和意义。习近平总书记说："这是一个需要理论而且一定能够产生理论的时代，这是一个需要思想而且一定能够产生思想的时代。我们不能辜负了这个时代。"[1] 这句振奋人心的话鼓舞人们创造我们时代的思想和理论，塑造我们时代的光荣与梦想。

陈先达：在一个国际交往频繁，各种文化碰撞和相互交融，思想多样、利益多样的当代中国，哲学社会科学各学科的构建，社会主义文学艺术的繁荣发展，用社会主义核心价值观培育人民尤其是青年一代，都需要长期坚持不懈。这个任务在一定意义上比其他建设都困难，因为它涉及的是人，人的理想和信仰会遇到各种不同的价值观壁垒和障碍。思想是最微妙最难深入的领域，对有些人在一定意义上可以说是个黑洞。文化是一个任何压力和强迫都无效的领域，必须引领人们形成文化自觉，充分调动广大知识分子与文化工作者的积极性

---

[1] 习近平：《在哲学社会科学工作座谈会上的讲话》，人民出版社 2016 年版，第 8 页。

和爱国主义热情，使文化建设成为广大知识分子和文化工作者的一项自觉的任务。中国特色社会主义新时代应该创造更好的条件，培养更多的文化名人，创造出更多的名篇巨著。只有群星灿烂、高峰迭起、蔚为壮观，才是一个拥有丰富文化遗产的中国应该有的文化强国的样子。这很不容易，我觉得其难度堪比建设一座精神的万里长城。

臧峰宇：建设这样一座精神的万里长城，绝非一日之功，需要一代代人接力推进。这不仅是一个理论问题，也是一个现实问题。文化建设体现了历史选择，有独特内涵的文化从来都不是对外来文化的复制，借鉴外来不能忘记本来，目的是更好地创造未来。由此理解百余年来中华文化发展的复杂历程，可以看到中华文化在走向世界历史的过程中实现的独特的思想创造，它超越既往、借鉴外来，在现代化探索中作用于现实的经济与政治。在这个意义上，文化自信归根结底是一种哲学自信，反映了中华民族独特的文化探索与选择。

陈先达：文化自信从世界观、人生观和价值观角度说，核心是哲学自信。文化自信具有政治现实性，有其深刻的社会成因，反映了近现代中国历史发展过程和当代现实舆论场。新中国成立以来，我们开始踏上社会主义现代化征程，以自己的方式跨越资本主义的"卡夫丁峡谷"，走出了一条不同于西方资本主义的道路。我们学习西方先进的科学技术和优秀文化，但走自己的路。

我们不是"买履"的"郑人",不奉西方文化为圭臬,不把别人鞋子的尺码作为衡量自己的鞋子是否合脚的标准。离开中国近代百年耻辱史,脱离关于中国道路的选择、中国特色社会主义理论和制度构建的论断,不可能理解文化自信问题,也不可能理解这个现实的政治问题如何被理论所把握,并给予令人信服的哲学阐释,进而使之从文化心理和情感上得到最广泛的认同。

臧峰宇: 是的,文化认同基于社会文化心理与情感共鸣,文化认同与文化选择都有其缘故,这需要体现历史视野的哲学反思。文化发展历程凝结了一个民族的精神成长经验,是一条流动的、生生不息的河流,大河总要向东流,奔流到海不复回。文化发展固然要提振传统,但不是文化复古,更不是死水微澜,有出息的文化人总要在祖先基业上创造历史,而不是标榜自己曾经也阔过。否则,就会陷入文化自卑,甚至将文化自卑与文化自大搅拌在一起,有时觉得一无是处,有时又觉得无人能及,造成扭曲的文化矛盾心理。

陈先达: 必须解决这种文化矛盾,文化自信必须建立在哲学反思的基础上,对文化自信的理解也要有历史思维。我们在历史上有过文化自信,也有过近代的文化自卑,晚清政府与西方列强签订的一系列不平等条约像无数条捆住中国手脚的绳索、套在头上的枷锁和插在身上的吸血管,面临"亡国灭种,瓜分豆剖"的危险,哪里谈得上文化自信。马克思在《中国革命和欧洲革命》

中说过："历史好像是首先要麻醉这个国家的人民，然后才能把他们从世代相传的愚昧状态中唤醒似的。"❶中国革命唤醒了中国人民，中国社会主义现代化建设和改革开放激发了中国人民的昂扬斗志，实现了文化自信的重建。这大概也是一种螺旋式上升，不是文化复归，而是文化发展，要走出一条符合社会主义现代化的中国文化发展之路。

臧峰宇：文化发展必须现代化，但文化现代化大概是现代化中最复杂的一环。中国文化的现代历程可以说刚过百年，既要进一步摆脱残存的封建文化糟粕，也要尽力避免西方文化现代化的弊端，更要解决当前世界范围内文化发展的复杂问题，确实很不容易。解决问题的关键应该是既维护中华文化的优秀基因和传统，又要使中华文化进一步现代化。在这个意义上，我认为过分怀念和沉浸在基于血缘宗法的文化过去，反复咀嚼古老文化的残羹冷炙，看似重视传统，实际上是真的失去了文化自我。

陈先达：关于现代化的探索，西方国家大致在文艺复兴之后就起步了。随着现代自然科学技术的发展，可以说现代社会理论和启蒙思想家群起，出现了卢梭、孟德斯鸠、伏尔泰、斯密、李嘉图、康德、黑格尔这些了不起的学者。相比而言，中国现代化探索的起步就比较晚了，在辛亥革命之前是漫长的封建社会，中国文化和

---

❶《马克思恩格斯论中国》，人民出版社2018年版，第6—7页。

思想基本上都是以血缘关系为基础、以宗法制度为纽带的，那时西学进入中国，至多也就是"用"，其实往往也用不好。大概与我的学习经历和兴趣有关，我喜欢从历史角度看问题。如果说中国文化是一种残存的古代文明，那么我觉得鲁迅说得极好："所谓中国的文明者，其实不过是安排给阔人享用的人肉的筵宴。所谓中国者，其实不过是安排这人肉的筵宴的厨房。不知道而赞颂者是可恕的，否则，此辈当得永远的诅咒！"❶虽然这句话说得很激愤，但道理是没错的。没有国家强盛和民族团结，一个国家和民族的文化就没了主场，文化自信就会沦为空谈。

臧峰宇：文化研究最忌空谈，空谈误人误己，不仅迷失自我，也不可能有什么现实意义，往往是不自信的表现。文化自信其实是一种时代自信，是对我们时代的经济社会发展的自信，也是创造新文化的自信。我很赞同您关于文化主场的看法，这就像一场体育比赛，每个队员都有自己的主队，观众往往也有自己的主队，没了主队，固然也可以欣赏比赛，但总归缺乏归属感。今天文化具有多样性，文化发展呈现了五彩斑斓的景观，其中应该也有一条主线，这样才不至于在困惑中无从选择，而会在开放的文化认知中更好地实现自我。

陈先达：在经济全球化浪潮中，我们正在创造世界历史。我经常讲，当代中国社会，不是古代中国社会；

---

❶《鲁迅全集（编年版）》第三卷，人民文学出版社2014年版，第250页。

当代中国文化，也不是古代中国文化。文化自信不可能是单纯对不经过创造性转化和创新性发展的所谓原汁原味的中国古代文化的自信。为此，要进一步实现马克思主义同中国传统文化的融合，进一步实现中国传统文化的创造性转化，在解决现代社会发展问题的过程中，创造我们时代的新文化。也要向西方学习，学习西方先进的科学技术和优秀文化，广纳世界各国之长。不能闭门自信，而要实现文化交流和对话。今天我们面临的文化矛盾十分复杂，要切实把握主要矛盾，把握实现中国梦的文化主线和内在逻辑。

臧峰宇：是的，今天中国梦得到世界的广泛关注，这一梦想的文化主线体现了在历史长河中起主导作用的文化意识与精神追求，突出反映了马克思主义哲学中国化的文化逻辑。可以说，中国梦不仅是在中国现代化的进程中畅想未来社会发展场景的文化表达，也是致力于促进国际社会合作与发展的梦想。努力实现中国梦，彰显了中国道路的核心价值，反映了中国马克思主义哲学的精神高度。为此，必然要进一步发展中国特色社会主义文化，实现符合时代精神的文化创新和文化认同，这也是马克思主义哲学中国化的应有之义。

陈先达：文化是国家和民族认同的精神黏合剂，没有文化认同，就不可能有真正的国家和民族认同，就不可能树立爱国主义精神。在民族遭遇危机时，文化自信是一个民族浴火重生的精神支撑。文化是软实力，软实力并不软，它是一个国家综合国力的重要组成部分。在文化上没有话语权，就不可能自立于世界民族之林。一个民族没有文化发展和传承，必然走向没落。一个文化认同感很强的民族，往往能抵御外来侵略，保持民族和国家团结，不容易被外来势力所分裂。中华民族长期维持团结统一，靠的就是由文化认同产生的伟大的民族精神。这大概就是中国梦的文化主线，突出反映了马克思主义哲学中国化的文化逻辑。

臧峰宇：所以，要以马克思主义文化观审视新时代中国文化发展的内在逻辑，在创造新文化的过程中发挥文化的现实作用。只有将文化置于社会发展的结构中确认其实质与功能，才能更好地推进文化发展与经济发展和政治发展的互动，才能更好地发挥文化的现实作用。您在多篇文化研究论文中表明，深入理解我们时代的文化矛盾和若干文化问题，需要归纳文化发展经验，遵循文化发展规律，实际上就是要从马克思主义哲学角度把握文化发展的本来与未来，从而坚定文化自信，展现这个时代中国人应有的文化风度和精神气质。

陈先达：从马克思主义哲学角度看待文化发展，就要将文化建设置于经济建设、政治建设、社会建设和生态文明建设的统一体中来考虑。你说得对，文化研究要有问题意识，要切实面对社会现实问题，为解决现实问题提出有效的文化思路。为此，要把握中国文化发展的客观现实，而不是单纯就文化谈文化自信。既要充分重视文化的功能与作用，也不能将文化泛化，陷入文化决定论的误区。要充分认识到，我们以马克思主义为指导，建立中国特色社会主义制度，不断推进改革开放走向深入，是坚定文化自信和推动文化进一步繁荣兴盛的基础。要从哲学角度总结我们在革命、建设和改革进程中的文化探索，归纳文化发展的经验与规律，使文化发展促进中华民族伟大复兴，这是几代中国学人共同的文化使命。

肆

文化的**实践转化**
与制度文明的**时代建构**

臧峰宇：在"历史唯物主义与当代中国"高端论坛上，您阐发了关于文明特别是制度文明的观点，这是理解时代发展的一个重要视角。文明与文化具有密切的关系，文化是由人创造的精神活动及其产品，文明通常指的是社会进步、积极、合理的成分，是衡量社会进步程度的标志，或者人们认为它是物质财富和精神财富的综合，具体体现为物质生活和精神生活的过程。相对于文化而言，文明具有肯定性和现实性的特点。当然，学界对此也有不同的看法，例如，斯宾格勒认为文明是文化的僵化阶段或没落阶段，反映了文化的无活力和无创造力的境况，甚至表明文化的消失。如果说文化是有生命的，文明就是遗迹。

陈先达：文化与文明很难绝对区分，没有不包含文化的文明，也没有不与任何文明相结合的文化，彼此河水不犯井水。但两者还是应该有区别的。英国著名社会人类学家马林诺夫斯基在他的名著《文化论》中讲到文化与文明时说："'文化'一词有时和'文明'相混用，但是我们既有这两个名词，最好把它们分别一下。"❶我的理解是，文明是外在的、可见的，文化是内在的、不可见的。文化属于上层建筑领域，是观念，是思想，而

---

❶ [英] 马林诺夫斯基著，费孝通等译：《文化论》，中国民间文艺出版社1987年版，第2页。

文明不限于上层建筑中的思想观念，而应表现为一个社会的整体发展状态。当制度的建构作为一种观念和理想时属于文化；当制度文化对象化为现实的制度即属于制度文明。文明不是单纯的观念，而是现实社会状态，是衡量一个社会全方位发展程度的尺度。社会的发展不仅表现为文化的发展，而且表现为文明的进步。

从另一个角度讲，文明一般指的是肯定性的积极成果，文化由于它主导的价值观念不同而内涵比较宽泛。一个人有较高的文化水平，但其行为举止不一定符合一个文明人的规范。道德实践是文明，反映一个社会实际的道德状况，而道德形而上学、心性论就属于文化范畴。从市场上看，文化是难以购买的，能买到的是文化产品，而文化产品体现了这个社会的物质文明和精神文明的结合。

文化转化为文明，是文化发挥积极作用的必然方式。使中国传统文化转化为具有中国特色的现代文明，是我们面对的重要时代课题。文化与文明的关系问题，不仅是一个学理问题，而且是一个实践问题。不仅关系到一个民族、关系到社会，也关系到每个人。如果没有文化向文明的实践转化，就不能使社会文明与文化同时得到实质的发展。

一

从文化到文明的实践转化

臧峰宇：文化不能只是一种观念形态，它必须进入实践领域。所以，恩格斯说："文明是实践的事情，是社会的素质。"❶历史上美好的文化理念由于各种原因并不都能转化为实践层面的文明。它们存在于各种典籍中，仍然为我们提供理念和智慧。但如果只是停留在解释学范畴，不在生活中对象化，就难以转化为真正的现实。古代文化中有很多内容要成为现代文明的要素，就必须通过传承和创造，这也有助于被人们用来重塑现代文化。

陈先达：疫情期间，我又把《易经》《道德经》《庄子》《论语》《孟子》找出来重新学习。这些都是中国传统文化的不朽之作，永远的经典，常读常新，例如《道德经》说的"道冲，而用之或不盈"，但读的方法和目的可以由于时代的不同而不同。我们不是科举时代，读四书不是为了应试，而是学习做人；至于读《道德经》《庄子》接受什么、如何接受，的确与自己的处境息息相关。如果因为处世不利，借以作为灵魂安慰，就会越读越灰心，越读越低沉。我自己有这个人生体会，如果从积极方面去读，的确可以学到如何对待成功与失败、

---

❶《马克思恩格斯全集》第3卷，人民出版社2002年版，第536页。

顺境与逆境的智慧。《论语》的内容很浓缩，有很大的解释空间。孟子很雄辩，比喻生动，以理服人。《易经》很难，有深读有浅读，对我们这些研究马克思主义哲学的人来说，最有意思的是其中关于辩证法和天人关系的思想。还有《易传》，如果我们能够从实践和生活经验中体会到深刻的智慧，就会丰富我们的哲学思维，诸如"亢龙有悔，盈不可久也""泣血涟如，何可久也""无妄之药，不可试也"等，结合自己的人生经验完全可以理解。我们的专业领域虽然是马克思主义，但作为中国的马克思主义工作者，我们应该重视自己的文化传统，认真学习我们的传统经典。当然，我们应该取其精华，去其糟粕。

臧峰宇：《孟子》中的政治哲学思想非常丰富，讲治国的内容比较多，这些都是非常现实的。从历史角度看文化的实践转化，有一个社会存在的视角。观念只有在被对象化之后，才能变成物质的力量。只有在文化实践的维度，思想和现实才能走进彼此；如果观念仅仅停留在纯粹想象的空间，没有现实性，就会永远停留在"远方"，抑或形成丰满的理想和骨感的现实之间的反差。在这个意义上，从马克思主义哲学角度对中国传统文化进行创造性转化是必要的，由此弘扬中国传统文化的精华并使之时代化，进而使之转化为现实的力量。

陈先达：文化是观念形态，制度文化就是关于制度的理念，制度文明则是制度化的现实。制度文化和制度文明之间可能存在矛盾，因为制度文化的理想往往高于制度文明的现实，这种矛盾往往表现为思想家和统治者之间的矛盾。因为思想家侧重于理想，而统治者往往侧重于现实的利益。中国古代思想家有很多美好的社会主张，但并不能完全实现。这个问题不仅在中国如此，在西方也是一样。中国古代有丰富的民本思想，例如，"民为本，君为轻，社稷次之""民为邦本，本固邦宁"，这些思想都非常重要。但封建社会的基本制度并不是按照民本主义理想构建的，而是维护君权，维护统治阶级的利益。因此，封建社会的现实是君贵民轻，官贵民贱。这是社会经济形态的本质决定的。没有一种社会制度是按照思想家的理想建立的。可以说，在中国封建社会，民本主义往往作为一种思想传承，作为制度建设是很少的。当然，封建社会也强调赈灾、治水、济贫、防疫，这对治理封建社会发挥了重要作用，但封建社会最基本的制度建构是维护封建统治者的利益。纵观中国的文明发展史，我们可以看到，文化与文明的区别在于，并不是所有的文化理想都能制度化，都能成为现实的社会形态。

臧峰宇：制度文化和制度文明之间的矛盾是很具体的，很多没有制度化的古代文化观念或者缺乏实现的社会条件，或者纯粹是一种乌托邦。文明的转化体现为一种抗争的过程，在马克思看来，"当文明一开始的时候，生产就开始建立在级别、等级和阶级的对抗上，最后建立在积累的劳动和直接的劳动的对抗上。没有对抗就没有进步。这是文明直到今天所遵循的规律"[1]。制度文明的具体性在历史上的体现是很复杂的，有些文化水平不高的民族因为勇武和执着，往往会打败创造丰富文明成果的比较文弱的民族，之后这些取胜的民族还要学习被打败的民族创造的文化和文明成果，以图实现长治久安。

陈先达：你提出的这个问题很重要。有人说，文化真的如此重要的话，为什么历史上以儒家文化为主导的中原政权，在与周边游牧民族发生战争时往往打败仗呢？后来我看马克思关于游牧民族生产方式和生活方式的论述，明白了这个道理：儒家处于独尊地位和它所提出的维护君权和等级制的制度性设计，能比较有效地维持中原政权的统治和治理，但面对非儒家主导的少数民族进犯，以儒学为意识形态主导的中原政权往往难以抵挡，如汉朝时的匈奴扰边、北宋亡于金、南宋亡于元、清朝取代明朝。当然，这个历史之谜不能归罪于儒家学说。历史唯物主义作出了很好的解释：农业民族依靠土地，安土重迁，战争破坏了家园，只要读读杜甫的《兵车行》就知道："车辚辚，马萧萧，行人弓箭各在腰。耶娘妻子走相送，尘埃不见咸阳桥。"而游牧民族是马背上的民族，马是生产工具，是生活工具，也是作战的武器，生产方式、生活方式和作战方式三位一体。马克思

---

[1]《马克思恩格斯全集》第四卷，人民出版社1958年版，第104页。

说过，在马和剑是真正作为生存手段的地方，"也都被承认为真正的政治的生命力。在中世纪，一个等级，只要它能佩剑，就成为自由的了。在游牧民族那里，有马就使人成为自由的人，成为共同体的参加者"[1]。新崛起的游牧民族善骑射，速度快，而且不受儒家仁义道德规矩束缚，性格剽悍，充满生命活力和血性。眷恋土地被征戍边参战的恋地农民与没有土地眷恋的游牧民族相比，在战场上肯定胜数不多。但在取得政权以后治国理政，设计一套制度以维护夺得的政权，游牧民族原有的规则肯定不灵，必然要借助儒家的制度性设计，既可以治国教民，又适用于取得政权之后的治理。

臧峰宇：是的，您说得太好了，这个历史之谜确实可以用历史唯物主义观点来解释。这也说明了文化与文明的关系，如果不进行实践转化，再深刻的文化也不能成为文明；同样，仅具有物质力量，也不足以实现长治久安，还必须掌握体现丰富制度性设计的文化。儒家文化具有很强的制度性特征，在封建中国长期以来是统治者的治国理念，具有很强的同化力。所以，历史上在战争中胜利的民族要掌握被打败的民族的文化，这既表明文化内在的力量，特别是制度文化的力量，也表明文化向文明的转化是有条件的，实现文化转化的可能不是提出文化理念的人，而是选择和实践这种文化理念的人。

陈先达：儒家文化具有强大的同化力。游牧民族入

---

[1]《马克思恩格斯文集》第一卷，人民出版社 2009 年版，第 232—233 页。

主中原以后，就会逐渐被同化，或者说汉化、儒化。任何较低文化的民族都必然要采用比它高的被征服民族的生产力和文化，因而总是被较高的文化所同化，这是历史规律。入主中原的游牧民族不可能把农田变为牧场，在农田里放牧，而是逐步采用先进的农业生产。这就是中国的历史，中原王朝一度丢掉政权，而入主中原的少数民族最终被同化，成为中华民族的文化传统继承者，成为中国历史不可分割的组成部分。

我们应该有宽阔的历史视野，要用高于民族矛盾的中华民族的整体历史视角，重视少数民族对中华文化的贡献，重视民族文化的融合和对中国历史的推动。西晋亡，北人南渡，南京成为繁华的六朝首都，并推动南方经济和文化的发展；北宋亡，南宋偏安杭州，或称临安，杭州建都，同样推动了附近各省经济文化的发展，杭州成为最繁荣的城市。柳永的《望海潮·东南形胜》描写杭州，极力铺陈其豪华："烟柳画桥，风帘翠幕，参差十万人家……市列珠玑，户盈罗绮，竞豪奢。"中国历史上的王朝更替，或少数民族入主中原建立新王朝和北人南渡，这个过程就是中华民族共同体的形成过程，也是中华民族多元一体的文化格局形成的过程。历史不怜悯眼泪，历史只尊重规律，前进的车轮有时会碾烂无辜者的尸体，但历史会从进步中得到百倍的补偿。

臧峰宇：是的，游牧民族的生活都是在马背上的，而农民是最不愿意打仗的，安土重迁，守护自己的家园。游牧民族没有家园之恋，但马上得天下，不能马上治天下。因为没有制度作为保障，所以成吉思汗之后的元政权不能持久。如果想要维护长期的统治，就要学习中原文化。所以，马上只能得天下，治天下要以孔子为师，这也是中华民族共同体文化融合的过程，当然，这种融合是在历史中被印证的。

其实，在西方也一样，恩格斯就批评过平均主义派和巴贝夫派把文明中一切精致的东西都当作无益的、危险的东西，当作贵族式的奢侈品加以消灭，他认为这是由于他们完全不懂历史和政治经济学而必然产生的一种偏见。而且这种融合也体现在日常生活中，不同民族人们之间的交往是很具体的，中华文化的海外传播就直接体现为与不同国家和民族人民之间的文化交流与融合。这可以影响具体的文明形态，也实现了深远的文化交融。从中可见，文化的转化是现实的。

陈先达：在历史上，中华民族的文化融合是很常见的。李白有一首诗："床前明月光，疑是地上霜。举头望明月，低头思故乡。"人们就有疑问，在床上怎么能看到月亮呢？因为在唐代人们将椅子叫作胡床，在窗前的椅子上看月亮，是很自然的。

文明是可以借鉴的，而且是应当借鉴的。古代如此，现代也如此。我们的四大发明被传到西方，电灯、电话首先是在西方出现的。文化具有积累性和继承性，文明具有进步性和替代性。就中国文化而言，唐诗之后有宋词，宋词之后有元曲，很难说元曲就比唐诗好。但是，文明的进步和替代必然包含文化的内涵，如果脱离文化的内涵，文明的进步就可能产生负面效应。因此，文化和文明的均衡发展是非常必要的。

臧峰宇："床前明月光"这个例子很有意思，这表明文明的个体是具体的，文明之间的借鉴也是具体的。文明的转化在历史上往往体现为进步的轨迹，文化的事情则有其独特性，例如，唐诗和宋词难分伯仲，今天以高科技手段创造的艺术品很难说一定超过古希腊或先秦时代的某件艺术品。文化在现实中长久存在着，我们今天在生活中接触的不只是现代文化，也有前现代文化和后现代文化。但文明在一个具体的社会形态中是难以共存的，而且新文明总是比过去的文明先进，当我们用惯了5G手机，就不会觉得4G的更好，这在很大程度上是科技发展的结果。自启蒙时代以来，科技发展改变了人们的思维方式和生活方式，也促进了新文明的构建。这里也有文化向文明的转化问题，启蒙思想家们提出了很多带有普遍性的社会理想，但这些理想在现实中往往成为"例外状态"。

陈先达：你说得对，启蒙思想家们的制度理想是闪亮的，但资本主义的制度现实与它的理想是不完全一样的，二者的差距有时很大，甚至是矛盾的，有时候还体现为文明与野蛮的交错往复。资本主义社会总有例外论者，觉得自己一切都是例外。记得马克思说过："每当资产阶级秩序的奴隶和被压迫者起来反对主人的时候,这种秩序的文明和正义就显示出自己的凶残面目。那时,这种文明和正义就是赤裸裸的野蛮和无法无天的报复。占有者和生产者之间的阶级斗争中的每一次新危机,都越来越明显地证明这一事实。"[1]所以,启蒙和现代性思想是面向普遍的,科技是可以为各国人民普遍使用的,但制度现实是"例外"的,这种矛盾至今是资本主义无法解决的。

臧峰宇:是的,文化在现实化之后就会成为文明,否则就停留在非现实层面。文明是人们在实践中创造的,在马克思看来,"文明时代"超越了蒙昧时代与野蛮时代,体现了人类历史的进步。当然,这里所说的"文明时代"是以一部分人的被动和屈辱为代价的,充满了阶级矛盾与阶级对抗。超越这种"文明时代"的是此后的新文明时代。从文化—文明的实践转化角度看,文明发展应当是文化建设的着力点。文明是从低级向高级发展的,我们要继承传统文化的精华,但不能依靠古代文明解决今天的问题,应当与时俱进,努力创造符合时代发展要求的新文明,二者之间的连接点应当是精神文明。

陈先达:精神文明最深沉的内涵是文化,精神文明就是文化的外在化。一个在农村生活的人如果受教育比较少,文化程度可能会比较低,但他的行为的文明程度、道德水准可能高于一个在城市中生活的有文化的

---

[1]《马克思恩格斯文集》第三卷,人民出版社2009年版,第173—174页。

人。文化如果不能在文明中得到体现，就会沦为一种纯粹抽象的东西。文明表现的是社会进步的尺度，从蒙昧到野蛮，从蛮荒到城市建设，都是文明演进的过程。文明社会中的很多事情并不都是文明的，有时也包含野蛮，有时野蛮也可能展现文明的曙光。我们从一个城市的建筑风格、街道、图书馆、学校、卫生等可以看见一个城市的文明发展程度。但是，构建这种文明的城市文化观念存在于人们关于城市文明建设的思想中。

臧峰宇： 这让我想到哲学研究的思路和方法，作为文化的活的灵魂，哲学不应成为一种纯粹抽象的东西。抽象是哲学的思维特点，但它不能脱离具体现实而独立存在。从事哲学研究，当然需要高度的抽象能力，但思想是反思历史、趋向现实的，而不是从抽象到抽象，否则就会将各种思想材料堆砌或糅杂在一起，甚至陷入某种臆想的境地，没有任何实体性内容。用以抽象的实体性内容或来自现实，或来自历史。恩格斯说，历史就是我们的一切。因为历史是过去的现实，现实是未来的历史，都是哲学研究的经验依据。

陈先达： 你这个思路是对的。我们中国的人文社会科学研究，必须立足中国实际，解决中国问题，这样才能有中国风格和中国气派。我们做学问，既要有历史感，也要有现实感。对当代人而言，传统文化是当代人的思想土壤，优秀的文化传统是肥土沃壤。但也要充分认识到，中国传统文化必须实现创造性转化和创新性发展，这种转化和发展应该越出解释学或阐述范围，更重要的是把优秀文化的精华转化并渗透到我们制度文明的建设中。我觉得文化与文明在一定程度上也体现了"体与用"的关系，研究哲学当然也要考虑这种体用关系，二者是相辅相成的。在哲学研究上则体现为理论与实践的关系、逻辑与历史的关系。习近平总书记参观位于腾冲的艾思奇纪念馆，高度评价了艾思奇对马克思主义哲学大众化的积极贡献，同时要求我们把马克思主义本土化、通俗化、大众化工作做好。对我们这些从事马克思主义理论研究的人来说，本土化、通俗化、大众化，是衡量我们做没做好工作的重要标准。

臧峰宇：哲学研究确实要研究体用关系，当然这里也有相对纯粹的领域，即如恩格斯所说的逻辑学与辩证法。哲学与现实水乳交融，但哲学对现实的阐释未必是即时的，哲学可以是密涅瓦的猫头鹰，也可以是高卢的雄鸡，既可以审视过去，也可以预见将来，关键是立足于现在的审视与预见都是具有现实性的。这在一定程度上也与文化和文明的关系有关，文化或许不一定都要跟上文明的脚步，对一些具有独特魅力的古代文化无疑是应当珍视的，其中包括人们的情感、价值观和社会心理。这在不同的时代是有一定差别的，也体现了其所处时代的精神状况。

陈先达：文化往往是与一个时代的精神状况相联系的，《黄河大合唱》与《何日君再来》反映的就是不同的情感或社会心理，也体现了你所说的不同时代的精神状况。在一个昂扬奋进的时代，自然会产生充满正能量的文艺作品；在一个奢侈享乐的时代，就会有很多鼓吹享乐主义和腐朽生活的作品。哲学研究也是这样，真正伟大的思想家往往产生于出现时代危机和民族危机的时候，伟大的时代往往造就伟大的思想家。如果我们脱离对具体时代的理解，就很难理解为什么会产生这样伟大的思想和这样伟大的思想家。

臧峰宇：确实是这样。恩格斯说，文明时代完成了古代氏族社会完全做不到的事情，但它是用"激起人们的最卑劣的冲动和情欲，并且以损害人们的其他一切秉赋为代价而使之变本加厉的办法来完成这些事情的。鄙俗的贪欲是文明时代从它存在的第一日起直至今日的起推动作用的灵魂"[1]。当人们陷入纯粹逐利的泥淖，忘记了精神生活之于人的内在价值，忘记了哲学、道德与审美的意义，无视伤风败俗的社会现象，就将进入文化虚无、精神危机和价值盲从的境地，这也会实际地阻碍文明的发展。

陈先达：文化比文明更久远，曾经繁盛的文明可能成为历史遗迹，以往富丽堂皇的建筑变成断壁残垣，繁华的城市会没落。但人类已经获得的思想智慧不会断流，它会为不同时代的人们提供思想智慧。优秀传统文化会成为文化传统，成为一个民族的精神标识。文化之

---

[1]《马克思恩格斯文集》第四卷，人民出版社 2009 年版，第 196 页。

所以具有长久的价值,在于它的积累性、持续性力量是任何其他社会现象所难以具有的。人不仅有肉体生存的需要,也有精神生活的需要,有作为人的特殊需要,这种精神需要往往体现为文化,体现为人们的精神世界,包括哲学、道德、审美、宗教、风俗等多方面。文化以物质为载体,与自然世界不可分割,文化渗透于经济、政治领域,当它对象化为现实就是文明。新时代,文化建设的核心是培育和践行社会主义核心价值观,文明建设是包括物质文明、精神文明、政治文明、社会文明、生态文明的全方位建设。

臧峰宇: 文化的核心是价值观,或者说价值观具体体现在丰富多样的文化中,体现在人们的生活方式和日常行为中。文化遍布生活的各个领域,表现为观念和情感,表现为一种知性特征。文化体现了人们的特殊需要,卡西尔将文化理解为人性的圆周,说明人是一种基于物质生活的精神生命。人们在创造物质世界的同时,也创造了丰富的精神世界。作为文化核心的价值观包括人们的价值取向、价值选择和价值评价,人们对社会现象的判断和选择从根本上体现了自己的价值观。价值观是多样的,但支持价值观的根据应当具有确定性。人们价值观的偏颇往往与这种根据的失真有关,这也体现在文化的具体表现形式中。

陈先达: 文化的表现形式是多种多样的,我们现在所说的饮食文化、服饰文化、旅游文化实际上指的不单是饮食、服饰、旅游本身，也指其中包含的文化内涵。例如，饮食中的菜系、烹饪艺术，尤其是宴请时的礼仪，都属于文化观念。服饰文化不仅指衣服，还有它的审美价值，以及它所表现出来的不同的民族风格。旅游也是如此，人们在旅游过程中欣赏到历史遗迹、山水风情等涵养人的修养的内容。生活方式之所以被视为文化，根本原因是生活的方式，而不是生活本身。人活着就要生活，任何时代、任何民族、任何国家的人都是一样的，但如何生活，即生活的方式是不一样的，这个不一样中就包含文化观念的不同。

文化的发展不是简单的物质进步所能衡量的，而具有时代特色。我曾经说过，不能认为油灯下的作品一定不如电灯下的作品，也不能认为用毛笔写的文章一定不如电脑敲出来的文章好。相比而言，文明体现了社会发展程度，是一种发展水平的标志，也是规范人们行为的各种制度的总和。一个社会的文明形态与生产方式直接相关，有什么样的生产方式就会有什么样的文明与之相适应。应当注意的是，在文明发展过程中，文化发展方式不一定是同步的，文明形态是与时俱进的，文化形态是各有千秋的。

臧峰宇： 文化具有广义的形式，但不应当被泛化。文化确实体现在具体的生活世界，或者是高雅的，或者是通俗的，也可能大俗大雅。人与文化的关系体现为受到文化塑造的人具有自觉的文化意识，体现为面对各种文化现象的社会心理。文化的生命力具体表现在人们的文化实践活动中，在人们生活的时间和空间中体现价值。文化既有其产生的时代环境，其传播也在一定程度上超越了生产方式的限制，正如您所说，这不同于社会文明形态，文明大概更具有一种行为的确定性，是文化观念的现实化。

陈先达：就是这个道理。文化本身并不包含行为，而体现为一种观念形态，与人的行为融为一体的是文明。真正衡量一个人素质高低的不是单纯的文化水平，而是行为举止、语言和交往时的文明程度。与人文文化比较而言，科技文化具有趋同性，因为其中的自然规律是相同的。文化不都是阳春白雪，也不都是理论形态，它具有很强的世俗性。脱离世俗生活，是很难理解一个民族的文化的。我们在端午节吃粽子，在中秋节吃月饼，在正月十五吃元宵，这些都是风俗，也是文化。文化总是与生产方式和生活方式相适应的，节日的形式总会与人们的休闲方式有关，生产方式的转型是摆在人们面前的一本大书，是人的心理学。以往流行的民间文化艺术可能会被人们渐渐淡忘，当然，从保存文化的完整性角度考虑，抢救非物质文化遗产是一项重要工作。

臧峰宇：我也是这么想的，既要激活文化的生命力，也要保存文化的完整性，这需要深刻认识现代生活中的文化价值。英国物理学家斯诺在《两种文化与科学革命》中认为，文化包括人文文化和科学文化，将这两种文化融合起来是"第三种文化"。这个判断当然与自然科学对人们的生活和文化选择的影响有关，近代以来随着自然科学的飞速发展，人们的文化观念发生了变化。科学与人文不断互动，产生了一些交叉学科，也有很多关于融合科学精神与人文精神的讨论。这实际上与哲学和科学的关系有关，与社会发展带来的生产方式和生活方式的变化有关。应当反思"科学向何处去"之类问题，也不能忽视科学文化的重要作用。

陈先达：自然科学对人们思想观念的影响是相当大的，它不仅使人们摆脱愚昧，也改变了人们的思维方式。这次新冠肺炎的流行就改变了人们的饮食观念，也打破了西方人的口罩观念。科学的重大发展往往导致旧的思维观念的突破，从机械论到辩证唯物论，从旧形而上学到唯物辩证法，都与18世纪以来自然科学的发展密切相关。我常说，自然没有目的，但自然科学家有目的；自然没有情感，但自然科学家有情感；自然现象没有好坏，但自然科学家的道德判断有是非。这涉及科学家的人文修养，是人文科学的研究对象，人文科学会直接影响人们的思维观念。其实，科学与人文就是人类社会存在和发展的两种方式，它们都与生产方式有关，人文文化曾经长期占据主导地位，随着科学昌明和技术进步，科技与人文并重，科学文化会发挥越来越重要的作用。

臧峰宇：正确认识科学的作用，恰当运用自然科学发展的成果，也有助于实现人的自由与全面发展。既要注意避免科学对人文的侵蚀，也要彰显科学思维的人文内涵。除了文化与科学的关系，文化与经济的关系也是人们感兴趣的话题，这与经济基础和上层建筑的原理有关。一个时代的文化是由经济基础所决定的，同时对经济基础具有现实的反作用，这种反作用也会体现为文化成为经济发展的要素。所以，有文化经济的说法以及各种文化创意产业。强调文化对经济的反作用，体现了一种文化自觉，只有深刻意识到这种反作用的内容所包括的民族文化的内在价值及其时代精神，才能形成人们的文化自信。

陈先达： 过去有一个形象的说法，叫"文化搭台，经济唱戏"，其实文化与经济的关系是很复杂的，文化对经济的反作用是现实的。在亨廷顿主编的《文化的重要作用——价值观如何影响人类进步》一书中，有很多关于文化和价值观影响经济社会发展的数据和例子。政治和文化的关系也很复杂，所以，才有关于文化政治的研究。我们要将经济、政治和文化看作是一个有机体，其中经济是基础，政治是中介，文化是价值导向。我觉得单纯就文化自身比较中西文化是不充分的，因为这种比较往往停留在文本上。其实，文化的差异性中有时代问题，有古今问题，有生产方式问题，有民族传统问题，甚至有地理环境问题。如果简单比较以农业生产方式为基础的文化与西方以工业生产方式为基础的文化，往往导致贬低农业社会的文化成就。

臧峰宇： 您这个观点很有启发性。文化政治研究深化了人们对文化与政治之间关系的认识，揭示了政治生活中内在的文化价值，也体现了文化作为意识形态的属性。文化观念的变化触动社会生活变迁，改变人们的思维方式和价值选择。在信息化时代，当信息技术不断革新，生产要素全球性流动，国际间文化交流与碰撞都会增多，文化安全问题就更加凸显。我们既要有民族文化自信，也要有世界文化意识，应当承担我们时代的文化使命。在扬弃陈腐、堕落和低俗文化观念的同时，应弘扬健康、文明的时代风尚，发展面向现代化、面向世界、面向未来的民族的、科学的、大众的文化，在现代化进程中建构制度文明。

陈先达： 文化具有意识形态的属性，路易十六被关在巴士底狱的时候说过，是伏尔泰和卢梭消灭了法国。法国启蒙思想家促进了法国大革命，正如恩格斯所说，他们的著作在国外，在荷兰或英国印刷，而他们本人则随时被关进巴士底狱。文化的作用当然也体现在维护经济和政治等方面，这往往是通过以各种形式传播体现时代精神的价值观来实现的。在实现中华民族伟大复兴的进程中，知识分子应当承担自身的文化使命。国家要"尊重知识，尊重人才"，切实提高人们的科学文化素质，以马克思主义为指导，传承中华优秀传统文化，发展社会主义新文化，在此基础上，建构中国特色社会主义制度文明，为民族复兴提供制度保障。

二

制度文明的建构与民族复兴的制度保障

臧峰宇：为此要研究制度文化及其对实现民族复兴所具有的意义。促进制度文明的发展，要处理好文化发展各环节的关系，例如，文化继承与文化创新的关系、文化观念与文化实践的关系、文化创造与文化传播的关系、文化批判与文化建设的关系，以及精英文化与大众文化的关系。这里还有文化比较的问题，既包括横向比较，也包括纵向比较。我不认为将古代东方文化与现代西方文化相比，进而得出现代西方文化进步，是一种好的研究方式。这种比较的背后是生产方式问题，也涉及制度文明问题。

陈先达：就是这个道理。不能简单地把西方的自由、民主、人权与中国封建专制、等级和特权相比，证明西方文化比东方文化优越；也不能简单地把中国农业社会那种浓浓的亲情和伦理关系与西方资本主义社会的拜金主义和人情冷漠相比，赞美东方文化比西方文化优越。这里很多问题不属于文化范围，是社会制度和政治体制问题，是应当从生产方式和制度文明的角度思考的问题。文化受社会制度制约，但不能以对制度的分析代替对文化的分析，文化是不能简单地以古今中外的差异来判定优劣的。文明与社会形态的发展密切相关。文明是多元的，可以相互借鉴。文明之间没有冲突，发生冲突的是向外扩张的殖民制度和统治阶级的利益。

臧峰宇： 从文化和文明的视角看待传统哲学思想，也会有些不同的认识。例如，儒家文化中既包含中国先贤思想的精髓，也有维护封建等级制的内容。康有为在《新学伪经考》中就用前者反对后者。今天，谁也不会将中华优秀传统文化等同于封建文明。在提倡对中华优秀传统文化进行创造性转化和创新性发展的同时，也要深刻反思封建文化的种种问题，彻底摆脱封建观念的束缚。这一方面说明文化的意义是具有超越性的，另一方面说明文化继承和发展要去粗取精、去伪存真，这也是建构社会主义新文明形态所需要的。

陈先达： 中国传统文化在古代社会，因为统治者的制度化过滤而损失了一些积极的方面，其中一些理想的东西不能现实化，有利于稳定统治和社会秩序的伦理观念和等级观念被强化、放大。历朝历代尊孔，尊的不是真正的孔孟思想的精髓，而是其中一些有利于维护等级制度的东西。孟子民贵君轻，社稷次之的说法，朱元璋就极为不满，取消了孟子的陪祀资格，将孟子赶出文庙。封建统治者从心里讨厌这种观点，朱元璋出身贫寒尚且如此。儒家强调倾听民众疾苦声，封建官场从来都是报喜不报忧，对上永远高度一致，对下永远要求唯命是从。所以，中国传统文化有很多精神财富，但封建制度中有很多糟粕。

臧峰宇：这里也存在传统文化转化为文化传统的问题，真正对日常生活具有现实影响力的是文化传统，具体体现为贯穿一个民族和国家的不同历史阶段的文化精神。文化传统具有比较强的稳定性，彰显了民族文化的标识，既表现在观念层面，也表现在器物层面，比如一些饮食习惯和服饰文化。文化传统的不断积累需要传统文化与时代文化相融合，需要实现传统文化的时代转化，弘扬世代相传的民族精神。为此，要处理好文化"守"和"变"的关系，稳固民族文化的"根"和"魂"，同时激发民族文化的创新、创造活力，不忘本来、辩证取舍，在文化进步中映现历史进步。

陈先达：中华优秀传统文化是我们从事文化建设的重要思想来源，它的影响和作用的大小取决于它变成中华民族的文化传统的程度的大小。中国传统文化是历史的，而文化传统则是现实的，传统文化转化为文化传统是在一定的社会制度下进行的。任何一个有作为的民族的文化使命，都是将优秀的传统文化转化为世代相传的文化传统，使之融入民族的血脉之中，成为人们生活方式、思维方式和价值观的重要构成因素。正是文化传统使传统文化和现代文化贯穿起来，成为一种源流关系。这需要继承优秀传统文化，这种继承不是囿于传统文化或沉湎于一些旧思想的束缚，而是要前进、创新，这就要实现传统文化的创造性转化。

文化土壤非常重要，《歌德谈话录》中记载歌德关于文化土壤重要性的论述很深刻。他说,"如果一个有才能的人想迅速地幸运地发展起来,就需要有一种很昌盛的精神文明和健康的教养在他那个民族里得到普及",还说,"我们都惊赞古希腊的悲剧,不过用正确的观点来看,我们更应该惊赞的是使它可能产生的那个时代的民族而不是一些个别的作家"[1]。历史证明,文化名人出现的时代往往是群星灿烂,而不是一枝独秀,因为相同的肥沃的文化土壤使文化名人成群出现成为可能。只要看看中国文化史就知道,无论是楚辞、汉赋、唐诗、宋词还是文章巨擘,都是成群出现的。当代要改变文化领域只有平原而无高峰的情况,必须全面、客观、科学地继承优秀文化传统,厚植社会主义文化土壤,使各种优秀人才成群脱颖而出,促进社会主义文化建设。

臧峰宇:实现中华优秀传统文化创造性转化的重要意义在于激活文化传统的生命力,并为之赋予时代内涵,既要回到经典文本,也要将重点放在开新,强调人文日新。其实,我们在日常生活中可以看到很多传统文化创新的印记,有些是自觉实现的,有些是日用而不知的。在各种节日文化、礼仪文化中,既有对传统的继承,也有与时俱进的发展。我们在生活中使用的一些古代概念与其在经典文本中的原意也有所不同,这并不是对这些概念存在误解,而是人们为这些概念赋予了新的

---

[1] [德]爱克曼辑录,朱光潜译:《歌德谈话录》,人民文学出版社1978年版,第141页。

内涵。我们在文明建设的现实语境中重新理解这些文化概念，它们也在实践中得到转化，具有制度性内容，成为一种文明范畴。

陈先达：文化研究不能只是停留在书本上，中华优秀传统文化的创造性转化和创新性发展应该超越解释学范畴，把中华优秀传统文化的精华真正转化到中国特色社会主义制度文明建设中。坚持以人民为中心的发展观，借鉴了传统的民本思想，但它已不只是一个理念，而具有政治制度和法律制度的保障。强调人与自然和谐发展，借鉴了天人合一的思想，但它已转化为当代生态文明建设，具有环保制度和相关法规的保障。文化与文明的转化也体现了人们的历史观，体现了人们的实践选择。如果没有对马克思主义的选择和传播，没有中国共产党人的不懈奋斗，在中国传统文化基础上未必会结出中国特色社会主义这样的果实。

臧峰宇：是的，花朵需要授粉才能结果，文化需要在传播中才能实现转化。经典永流传，在很大程度上也是选择和传播的结果，文化传播的结果总会体现为历史印记，或者可以将这种印记视为承载观念的事实，对这些事实的认识和判断体现了文化价值观。我们将中国文化想象成一条历史的长河，有些河段可能九曲十八弯，但终究是大河向东流。这条文化长河的流向和流速与社会结构有关，这实际上是关于文明的话题，从文明角度可能会更好地理解唯物史观的实践内涵。有生命力的文化观念总要实现实践转化，转化是具体的、有条件的。不应当从文化出发理解历史的形成过程，而应当从历史事实出发理解文化的形成过程。

陈先达：我们的方法是以问题为导向，立足现实，问题和解决问题的方案都存在于现实之中。历史事实是客观的，传统文化作为事实具有客观性，如何对待传统文化取决于当代人的价值观，取决于我们对历史规律的认识和把握。我觉得中华传统文化和当代社会现实的关系不是"因为"和"所以"的关系，而是一脉相承、与时俱进的关系，进一步促进中国优秀传统文化的创造性转化，从根本上说根源于社会主义生产方式和社会主义制度的要求，根源于中国共产党的性质和使命。不是因为我们的文化中有这些思想，我们才实行这些政策，而是我们的社会现实需要制定和实施这些政策，需要汲取中华优秀传统文化的精华。

臧峰宇：这实际上体现了文化研究的现实性问题，研究任何具体的文化形式，未必都要考虑现实性问题，但研究文化发展的总问题，离开现实性就无法把握问题的关键。我认同您的看法，中国传统文化和当代社会现实的关系不是"因为"和"所以"的关系，是基于当代社会现实理解中国传统文化的"所以然"和"所当然"，然后探求如何使之得到进一步发展。我最近在思考制度文化与制度文明的关系，如果说精神文明与文化最近，制度文化大概与文明最近。从制度文化到制度文明，当然也要通过实践转化。这需要在生产力发展过程中发展制度文明，也需要对这种转化的思想资源即制度文化有深刻的认识。

陈先达： 从现实角度看，应当研究如何更好地理解中国特色社会主义条件下制度文化和制度文明的关系，将具有优越性的制度文化更好地转化为制度文明，将中华优秀传统文化的美好理念变成真正的制度文明，而不是沉湎于古典的想象中，这是解决我们社会心理中焦虑、迷失问题的根本途径。党的十九届四中全会强调，坚持和完善中国特色社会主义制度、推进国家治理体系和治理能力现代化。这就要深刻理解制度文化，理解马克思主义关于制度的思想。对我们来说，关键是在实践中探索制度文化的具体内容。在我们国家，人与人之间主要体现的是社会主义交往关系，但运用的是现代化的市场手段，对此，要有正确的价值视角。我觉得资本主义市场经济是绞肉机，它遵循的是弱肉强食的社会达尔文主义，社会主义市场经济应该是跑马拉松，应该是一种竞赛，谁跑到最后谁胜利。

臧峰宇： 您这个比喻很形象，跑马拉松要掌握好发展规律，要更稳妥更灵活地运用发展手段。将中华优秀传统文化的美好理念变成真正的制度文明，就要实现传统文化的时代创新与自我超越，使之与当今中国社会发展实际相结合。文化发展有其实践逻辑，有其时代性和现实的问题域，因此要把握文化发展的本质的必然的联系。中国特色社会主义文化发展以核心价值观为主导，以人民为中心，满足人民群众日益增长的文化需求，进而使之转化为改变社会现实的物质力量。这需要进一步研究治理文化与文化治理，研究文化建设与文化治理的关系，研究如何提高文化治理水平，推进国家治理体系和治理能力现代化。

陈先达：我们党在实践探索中努力将美好的制度文化转化为实际的制度文明，这是解决我们当前社会实际问题的重要途径，这就要提高社会治理能力，形成科学有效的社会治理体系。建构中国特色社会主义制度文明必须以人民为中心，习近平总书记说，"不忘初心、牢记使命"主题教育应当成为一种制度，我很受触动，这意味着"不忘初心"将得到制度性的保障。制度文明的建构要与解决我们当前的问题结合在一起，在解决问题的过程中，要坚持以马克思主义为指导，从古人的智慧中得到启迪，与中华优秀传统文化实现思想相通，而不是简单的翻版。要用现实的需要说明对传统文化的继承，而不是用文化传统来注解现实。

臧峰宇：文化的古今相通意味着文化传统的延续，文明的建构体现了问题意识，是在解决问题的过程中逐渐实现的。建构制度文明，要发展治理文化，促进文化治理。我最近重读《哥达纲领批判》与《家庭、私有制和国家的起源》，感到其中关于治理的内容很有价值。传统文化在这方面也提供了重要思想资源，正如习近平总书记所说，一个国家的治理体系和治理能力是与这个国家的历史传承和文化传统密切相关的。这里有一个从历史中汲取治理智慧的问题，与历史观和文化观的时代化有关，在这个意义上，民族复兴并不是要重写历史，因为历史是不可复制的，而是要在新的历史阶段创造未来。

陈先达： 历史是处于一个时代的人们的实践活动，不是品读历史的人们的实践活动。如何看待历史，不同时代的人们会有不同的结论。其实，不同时代的人们对历史的评价不可能改变已经过去的历史事实，而只能改变历史观，这就又回到文化的时代化问题。中华民族的历史和文化传统对坚持和完善中国特色社会主义制度、推进国家治理体系和治理能力现代化当然具有重要的借鉴作用，但坚持和完善中国特色社会主义制度，推进国家治理体系和治理能力现代化，最根本的还是基于新中国成立以来坚持以马克思主义为指导，坚持中国共产党集中统一领导，坚持在社会主义建设中确立的社会主义生产方式。

臧峰宇： 是的，我们在时代语境中探讨文化的实践转化，要秉持历史思维方式，也要思考文化认同问题。经过创新性发展的中华优秀传统文化之所以成为一种观念的纽带，是因为它彰显了民族精神，体现了炎黄子孙在社会发展过程中形成的共同的社会心理、共同的文化取向和主流价值追求。马克思主义同中华优秀传统文化相结合，生成了文化的再生机制，促进了民族精神与时代精神的融合。这确实又回到文化的时代化问题，文化必须通过走向文明的实践，才能成为现实，这是一个重要的文化实践命题。这次抗击新冠肺炎疫情，起初令人担忧，但疫情在一定时间内得到了有效控制，国家重点抓好防治力量的区域统筹，全国上下齐心协力，体现了中国特色社会主义制度的优越性。我们从中看到了抗疫的民族精神，看到中国树立了全球抗疫的典范。

陈先达： 这么看问题是对的。文化有一个重要作用，就是培育民族精神。民族精神是一个民族文化的积淀，文化是一个民族成员自我认同的标志，这种认同就体现了文化的纽带作用。一个民族的文化在共同的语言中蕴含着共同的社会心理、共同的价值观和思维方式，包括情感因素、心理因素、认知因素等。民族的凝聚力，正是因为文化认同而产生了民族归属感，这是维系民族生存和发展的思想黏合剂。这次抗击新冠肺炎疫情也是如此。一场足球赛，开局不好，但接着踢得好就是好球队。我们主张全世界共同抗疫。中国为西方抗疫赢得了时间，也提供了宝贵经验，为建构人类卫生健康共同体贡献了力量。中华民族有丰富的文化遗产，有经久不衰的民族精神，在抗疫过程中得到生动体现。在中国特色社会主义新时代，我们要进一步弘扬民族精神和时代精神，进一步建构中国特色社会主义制度文明，为实现中华民族伟大复兴提供坚实的制度保障。

伍

历史科学的**前提**
与历史思维的**时代性**

臧峰宇：马克思恩格斯在《德意志意识形态》中说："我们仅仅知道一门唯一的科学，即历史科学。"[1]学界通常将历史科学视为历史唯物主义的别名，这表明马克思的新世界观不仅是一种基于历史的实践观念，而且是一门"科学"。其实，二者有一定的差别。历史科学扬弃了一般历史哲学，颠倒了自柏拉图以来的传统形而上学，使实践的唯物主义走向历史的深处，在与哲学科学融合的过程中成为历史唯物主义。把握马克思以改变世界为主要旨趣的新哲学的理论特质，需要理解历史科学、历史唯物主义和历史学的关系问题。

陈先达：历史科学与历史唯物主义不完全相同。历史科学是指对历史的研究可以成为一门具有科学性的学科，而历史唯物主义属于历史观。它们存在内在联系，但有区别。

任何一门科学的基础都建立在历史科学的基础上，无论是自然界还是社会，都有其历史过程。无论对自然界或社会的研究都必须研究其所研究的对象是如何产生、如何演变的，没有对研究对象的历史把握，就无法理解它何以如此。恩格斯对家庭、私有财产和国家起源与演变的研究是揭开它们本质的科学方法，即通过历史溯源来揭示它的本质。自然界有一部发展史。人类的历

---

[1]《马克思恩格斯选集》第1卷，人民出版社2012年版，第146页。

史是自己创造的。因为人化自然的存在，自然科学和社会科学会有很多交叉。历史发展的本质是社会发展，历史科学在总体上为各门科学研究提供了事实的和方法论的基础，所以，历史唯物主义体现为一种新哲学。

历史科学、历史唯物主义和历史学体现了历史研究的不同层面，历史研究要成为科学，必须具备实践的、辩证的唯物主义历史观，其中最重要的是，既要看到历史是人创造的，又要看到人类创造的历史和自然界一样，也是一种客观事实，有着不以人的意志为转移的客观规律。因此，要正确理解人类历史，必须形成科学的历史观。历史观是处理历史材料、解释和理解历史、正确评价历史的根本原则。

一

历史科学研究要以承认历史事实为前提

臧峰宇： 在这个意义上，马克思主义历史观体现了历史学和哲学的融合。历史唯物主义重视对历史和不断变成历史的现实的研究，重视对历史和现实之间关系的研究。历史事实是过去的，过去的事实有其启示当前和未来的意义。历史研究总要理解历史的意义，对历史意义的理解当然以历史事实为基础，但又不停留于历史事实，必须走向历史的深处，面向未来。这样可以把握历史、现实和未来三者的关系。因而，把握历史意义具有很强的现实性，因为这种研究不只是要把握既成的历史知识，更注重探究历史的走向和人们在历史进程中的思想创造及其价值。这样才有助于我们站在历史的正确的一面。

陈先达：我们的历史观强调从事实出发，但历史是过去的存在，我们能接触到的不可能是全部历史的再现，而是证明它的存在的某些载体，它表现为文献史料、考古发掘以及各个时代的文物。历史的书写要成为信史，首要的根据就是历史事实，而不是虚构，更不是戏说。

历史观是一种哲学，不能代替历史的实证研究。当然，历史观要真正发挥对历史研究的指导作用，就不能是抽象原则的逻辑推论，也不是与历史研究脱离，站在历史之外的一般公式。马克思主义历史观继承前人的思想积累，是从研究历史、研究政治经济学以及其他相关学科中得出来的。马克思和恩格斯拥有丰富的多学科的知识，显然对创立历史唯物主义起了重要作用。恩格斯《在马克思墓前的讲话》中说："马克思在他所研究的每一个领域，甚至在数学领域，都有独到的发现，这样的领域是很多的，而且其中任何一个领域他都不是浅尝辄止。"[1]

臧峰宇：历史观研究确实要以历史研究为基础，必

---

[1] 《马克思恩格斯选集》第3卷，人民出版社2012年版，第1003页。

须从事实出发，可是历史事实已经成为历史，我们不能经历已经过去的历史事实，只能面对史料，经过历史学家不断整理和阐述的史料是不是历史本身，就成为一个哲学问题。对历史事实的把握受制于时间性，因为历史不可复制，正如马克思所说："历史不外是各个世代的依次交替。"[1] 走进历史最直接的是考古学研究，考古学的真实体现为文物，体现为考古现场的图片和影像资料，进而被整理为档案。但是，这些历史文物本身不能述说有逻辑的历史，把握历史的逻辑和意义，无疑需要观念和精神层面的探索。

陈先达：我们确实无法再经历已经过去的历史，没有一个研究拿破仑战争的专家能再听到奥斯特里茨战役的炮声，他们只能通过历史记录来重述史实。可这不意味着历史是一个可以任人打扮的小姑娘，因为历史事件从来不是单独发生的，它处在多种相互联系之中，这种相互联系限制了历史事实的伪造，因为它会为各种相关事实所证伪。历史的书写是细节的书写，具有一定的艺术性，还有不少艺术作品也具有一定的史料价值，但不能认为历史处于科学和虚构之间。我们追求的是信史。客观性是历史的生命。

臧峰宇：这涉及对事实与价值的辩证法的理解。研究历史的价值立场具有时代性，但有明确价值观的历史研究者面对的史料不是虚构的。历史研究当然需要理解

---

[1]《马克思恩格斯选集》第1卷，人民出版社2012年版，第168页。

和阐释，需要对历史事件和历史人物作出评价，但历史研究主体应当以历史事实为基础。历史研究不仅要努力还原事实，还要思接千载、视通万里。但是，还原事实并不容易，因为这需要确认什么是历史事实。我觉得历史细节是事实，历史总体也是事实，如果只关注细节而忽视整体，只见树木，不见森林，就会造成历史科学研究的片面化甚至是碎片化。

陈先达：可以这么说，研究历史既要关注细节，也要关注整体。历史是尝然而非未然，是既成事实而不是可以选择或假设的文本。历史事实都是在历史上发生过的事情，但不是所有在历史上发生过的事情都是写入史书的事实。当然，历史记载者有自己的立场和选择，历史学家根据这些经过选择的文献记载书写历史时，又经过一道选择。历史无法整体再现，如何确认已经消逝的历史，确实是难题。但历史不仅会留下足迹，而且在现实中通过对历史传统的分析，对现实何以如此的分析，也有助于我们了解历史。

臧峰宇：正如您所说，历史研究总是体现为某种选择，也是有明确的目的性的。"吾生也有涯，而知也无涯。"研究历史要有问题意识，否则就会淹没于各种历史细节中，外在于历史研究的目的。对于个体生命而言，历史如同海洋，我们可以采撷大海的浪花，但海水是采之不尽的，有些浪花从我们的视野之外流走了，却在历史中真正存在过。因而，我们研究历史事实，主要体现为研究历史事件。历史事件当然是历史事实，可并非所有的历史事实都会成为一种事件。对历史研究者来说，历史事件是耳熟能详的，历史事实是挂一漏万的。

陈先达：你说得对，历史研究不仅要研究历史事件、历史人物，更应该通过研究历史事件、历史人物以及不同历史时代的思潮，把握历史的走向，揭示历史的内在规律和必然趋势。

我们不能简单地认为历史就是过去，应该注意历史、现实和未来的关联性。历史影响现实，并通过现实影响未来。一个国家的历史、现实和未来不是彼此分割的。可以说，历史对现实和未来往往具有某种程度的定向作用。了解过去有助于了解现实，而了解现实有助于了解未来。当然，这不是机械的、不能变化的连环锁，我们充分考虑到现实的人的活动是在改变了的条件下的活动，条件的改变会为历史、现实、未来的关系注入新的元素。但历史、现实、未来之间的确存在因果关系的链条，理解历史、现实、未来关系最重要的，是在变化着的条件下把握住这种因果关系。例如，历史上任何一场战争的导火索往往具有偶然性，这种偶然性只是诱因，而非真正的必然性的原因。战争爆发的不可避免性植根于一种无法解决的矛盾激化之中。这种不可避免性通常就是必然性的因果关系，而诱因则是具有偶然性的原因，真正的因果关系要在本质性的矛盾中去寻找。

臧峰宇：研究因果关系的链条，思考偶然性和必然性的关系问题，需要聚焦一些历史细节，从中发现偶然性发生作用的现实情形。但更重要的是研究重大历史事件，思考其中的诱因和导火索的作用，在具有本质性的矛盾中把握主导线索和历史规律。

陈先达： 历史事实中当然会有细节，在历史研究中要分析重大细节，但有些细节是可以忽略的。事无巨细，有文必录，不是历史研究，而是小报的社会新闻。历史研究要关注对历史发展起重要作用的关键事件。历史研究不可能回到历史现场，这就要站得高，有科学分析方法，才能比较可信地书写历史。

臧峰宇： 是的，关键是研究历史大势，这就要把握因果律。"物有本末，事有终始。"任何历史事件都有其发生发展的原因，都是以往各种情形积累的结果。研究历史因果律就是研究历史事件的时间序列性，因在果前，果在因后。生必有死，分必有合。从哲学角度看历史研究，更关注历史事件的成因，或者说更注重把握历史事件的因果关系。正如贾谊在《过秦论》中所说："察盛衰之理，审权势之宜，去就有序，变化因时。"历史研究总是要分析历史事件发生的直接原因和间接原因，分析其中的内部原因和外部原因。如果不能分析出历史事件的所以然和所应然，历史研究就会停留于呈现一个个历史现象，无法呈现历史规律。

陈先达： 历史研究必须把握因果关系，这也是历史唯物主义者特别强调的。李大钊先生在《史学要论》中就说过，历史研究不仅以考证确定零零碎碎的事实为能事；要把人事看作一个整个的、互为因果、互有连锁的东西去考察。历史研究如果只是停留于呈现一个个历史现象，这种研究就太单薄了。当然，也有些专注于历史细节的学者热衷于此，对历史细节必须进行具体、细致的分析，但最后总要对历史事件的前因后果有所交代，否则历史研究对人们就没有多少启发性。只有充分地解释历史事件中蕴含的因果关系，才能深化对历史规律的认识。否则，只凭几条普遍性的历史规律解释一切历史事件，就会流于空谈。

臧峰宇：因果律体现了历史事件的复杂联系，有时是很多历史原因导致一个结果，有时是一个历史原因导致很多结果。这与自然界的因果关系不同，其中具有复杂的层次和特点。历史因果律有时表现为条件性，历史创造往往是有条件的，正如马克思所说："人们自己创造自己的历史，但是他们并不是随心所欲地创造，并不是在他们自己选定的条件下创造，而是在直接碰到的、既定的、从过去承继下来的条件下创造。"[1] 历史人物发挥作用总要基于历史条件，历史人物也要创造条件，但其才华的施展在一定程度上是由历史条件成就的。既要看到创造历史的条件是被创造出来的，也要看到创造历史条件的人都是在历史条件中成长的，这也体现了实践的思维方式。

---

[1]《马克思恩格斯选集》第1卷，人民出版社2012年版，第669页。

陈先达：我们是在一定条件下创造历史的，对历史条件的分析，反映了历史唯物主义原则，涉及对经济史、政治史、文化史等的研究。其实，研究任何历史事件、历史人物、社会思潮，都离不开相应的历史条件。历史人物的成功不仅取决于个人才能，也取决于历史条件。贾谊在《过秦论》中说，秦王之所以振长策而御宇内，吞二周而亡诸侯，履至尊而制六合，执敲扑而鞭笞天下，威震四海，乃是因为"奋六世之余烈"，继承了秦国几代人创造的历史条件，发挥雄才伟略，创造了统一六国的丰功伟绩。当然，当历史条件不成熟的时候，也会使历史人物泪湿满襟。我们经常说历史局限性，就是讲受限于历史条件，因而也不能对历史人物的行为和选择过度苛求。

臧峰宇：是的，任何人都不能超越历史条件的限制，都要处理好传统和创造的关系问题。创造总是基于既定的条件，或者说人的实践活动体现为依靠历史条件和创造新的条件的一致，因而应该具有一种历史条件论。马克思恩格斯在《德意志意识形态》中说过："一个人的发展取决于和他直接或间接进行交往的其他一切人的发展；彼此发生关系的个人的世世代代是相互联系的，后代的肉体的存在是由他们的前代决定的，后代继承着前代积累起来的生产力和交往形式，这就决定了他们这一代的相互关系。总之，我们可以看到，发展不断地进行着，单个人的历史决不能脱离他以前的或同时代的个人的历史，而是由这种历史决定的。"❶但是，具备一定的历史条件，并非注定会产生某种历史事件，具备历史条件往往只能表明事件的发生具有了可能性。

陈先达：就是这个道理，不能把历史条件论简单化为历史决定论，因为历史条件并非唯一的必然如此的决定条件，还有很多复杂因素的综合作用。不仅有人的主观能动作用，有时复杂的偶然性也参与历史的形成。但是，我们分析历史仍然需要高度重视对历史条件的分析。条件论是正确的，无条件论是错误的。人生下来就处于一个既定的时代环境，历史上具体的人从事的具体活动都会受到历史条件的制约。任何人都不能脱离上一代人创造的生产力和生产关系，也就是每一代人都要面对既成的生产方式，人们的创造性活动是在既成的历史条件下进行的。可以把这个叫作历史条件论，我同意这个说法，或者也可以叫作辩证的、有条件的历史决定论，所谓历史多因素决定论、历史无规律论和历史唯意志论都是不妥的。

臧峰宇：对历史人物的成败得失，都应当基于历史条件来理解，人的实践活动有各种可能性，可能性成为现实不是没有缘由的，发挥主观能动性当然体现了一种积极的人生态度。您在《哲学闲思录》和《史论拾零》中对这个问题做了精彩的阐述。我同意您说的，因果关系不等于必然性，因果关系体现的是各种历史现象之

---

❶《马克思恩格斯全集》第三卷，人民出版社1960年版，第515页。

间的关系，是针对特定结果的关系。如果不针对特定结果，而将因果关系泛化为普遍联系，作无限度的延伸，因果关系也就没有了尽头，实际上也就没有了针对性，这样的研究也不可能有很强的启示意义。

陈先达：历史必然性是不以人们的意志为转移的，是不因偶然因素的影响而改变的趋势，具有规律性特征。如果必然趋势由于人的主观错误或某种偶然性而被中断，这种中断肯定是暂时的，它会再以其内在动因重新发挥作用。这就是在革命过程中存在失败、斗争、再失败、再斗争……直到胜利的现象的原因。

可能有人会说，有某种因并不必然有某种果。可是他忘记了，如果没有产生相应结果的事件不能称为原因，因而并没有形成因果关系。因此，同样的事件并不是在任何条件下都会产生同样的结果，在改变了的条件下，它可能形成另一种因果关系。所以，类比并不是真正的因果分析。在历史研究中，类比往往无视条件的变化。例如，为某些历史学家热炒的所谓守成大国与崛起大国必然一战的"修昔底德陷阱"，就是一种简单类比，而不是真正对因果关系的科学分析。

臧峰宇：确实，所谓"修昔底德陷阱"不能体现历史规律。近代以来的大国战争，往往源于殖民的目的或民族宗教问题，历史上大国崛起并非都要通过战争。这种简单类比有些言过其实，停留于对一些历史现象的过度解读，未能呈现历史规律。历史的因果关系是非常复杂的，仅就战争而言，通常取决于当时复杂的历史条件和社会关系，并不必然存在某种不可绕过的"陷阱"。

陈先达：原因和结果是不能拆开来判断的，因果关系是多样的、复杂的，有直接原因、间接原因，有历史原因、现实原因，有长久原因、短时原因，有必然原因、偶然原因。偶然原因并不是具有必然产生同样必然结果的原因。陈胜、吴广起义的重要原因是遇雨失期。遇雨是偶然的，如果不遇雨，没有失期，陈胜、吴广起义可能不会爆发。但是，陈胜、吴广遇雨不是起义爆发的必然原因，而只是一个诱因。必然原因或者说根本原因在于当时严峻的社会矛盾，即使没有遇雨这样的偶然原因，秦末也会爆发农民起义，刘邦和项羽举兵抗秦，就没有遇雨的因素，但也是要爆发的。

臧峰宇：是的，历史事件的发生有其必然性，这是历史唯物主义所强调的，用来解释导致历史发展的直接决定因素。历史必然要走向世界历史，人们也一定会从必然王国迈向自由王国，重要历史事件都是因原有的问题已经不得不解决而产生的。但是，历史事件总是应运而生的，具有多种可能性途径，历史必然性的结果往往以偶然性的方式体现出来。例如，您谈到的陈胜、吴广因遇雨失期而作出的决定，就是一个体现历史必然性的偶然事件。正是因为历史必然性的存在，我们说历史不能假设，因为历史是由既成的事实展现的，不是对理论假设的复制，历史的必然性总是在无数的可能性或者说偶然性中呈现出来。

陈先达：历史中有很多偶然性，人的主观能动性必然发挥作用，偶然性的出现并非由事件本身决定而不可避免。历史事件总会有一些诱因，但诱因不是必然如此的原因，历史研究者面对的从来不是历史本身，而是各种历史文本或现实的历史遗迹，但这并不是否定历史客观性的理由。历史唯心主义者强调支配历史观念和思想的至上性，例如，黑格尔认为世界历史只是实现绝对观念的舞台，柯林伍德认为"一切历史都是思想史"。尽管他们对历史理论的发展各有贡献，但他们的立足点都不是历史的客观性，因而其研究只是想象主体的想象活动。历史研究应当是以问题为导向的，真正的历史研究面对的都是作为历史问题的历史事件、历史人物等史料，通过搜集、考据、论证等过程而接近历史事实。历史书写和历史研究可以伪造史实，但历史事实是客观存在的，所以历史研究应当以追求信史为目的。

臧峰宇：历史研究要具有深刻的问题意识，要揭示历史的本来和缘由。历史事实和历史人物有自己的时代，如果不把问题绝对化，在相对确定的范围内，历史认识当然是有客观性与可知性的。马克思说过："现代历史著述方面的一切真正进步，都是当历史学家从政治形式的外表深入到社会生活的深处时才取得的。"[1] 历史事实和历史人物都有自己在时代中的真实内容，必然受到

---

[1]《马克思恩格斯全集》第十二卷，人民出版社 1962 年版，第 450 页。

自己时代的人与自然关系、人与社会关系的制约。历史研究者也是这样，总是受到历史条件对其历史视野的影响，影响他在研究中对历史事实的选择和价值判断。

陈先达：历史研究者令人感到睿智，既与他的研究对象有关，也与他的研究态度有关。历史研究者要从历史的高度审视历史的发展，立足于当代把握历史经验与教训，体现出一种远见，形成研究的自觉和自信。文化自觉和自信要以历史自觉和自信来支撑，离不开中国传统文化的历史和近百年中西文化争论的历史，也离不开马克思主义发展史，离不开马克思主义哲学中国化的历史。中国百余年来的历史，为我们提供了最充分的理论自觉和自信心，我们的文化自觉和自信建立在我们走过的道路的基础上，建立在历史蕴藏的丰富经验中。

臧峰宇：确实如此。历史研究的自觉与文化自觉紧密相连，文化自觉和自信具有历史的底气，这样的历史研究也会给人们以深刻的启示。恩格斯说过："我们根本没有想到要怀疑或轻视'历史的启示'；历史就是我们的一切，我们比其他任何一个先前的哲学学派，甚至比黑格尔，都更重视历史。"[1] 历史唯物主义强调历史研究的自觉，为人们提供正确认识历史的方法，呈现了一种历史进步观念。历史唯物主义研究坚持从历史本身中寻找动力，从人类创造历史的实践活动中确认历史的本质，反对思辨的历史哲学主张。

---

[1]《马克思恩格斯全集》第3卷，人民出版社2002年版，第520页。

陈先达：历史唯物主义揭示了历史进步观念，历史进步观念是关于社会形态发展的，指的是社会在生产力、科学技术、政治制度、物质文明等各方面的总体性进步，不是说一个社会的任何方面都超越过去。文化艺术、思想观念等方面的成就往往是无法复制和超越的，例如，超过楚辞、汉赋、唐诗、宋词、元曲的可能性不大，很难说今天的艺术品一定比古希腊或春秋战国时代的完美。历史进步观念往往是就物质文明发展而言的，体现在生产方式、科学技术等领域。历史进步观念的重要性在于，以历史事实为基础，否定社会历史领域的唯心主义观念，使历史主体形成实践自觉，更好地把握历史规律。

臧峰宇：古人治史向来强调说理，强调"未尝离事而言理"，说理总会呈现一些有规律性的东西。这在分析治乱安危兴废存亡之理方面最为常见，因为在这方面有很多历史之谜。纵观中国封建王朝的更替，真是千古兴亡天下事，王朝的开创者往往有雄才大略，末代帝王要么昏庸无道，要么无法在短期解决堆积沉重的社会矛盾。小时候读南唐后主李煜的词，"春花秋月何时了，往事知多少"，感到意境深远、凄凉悲壮，堪称名篇，可惜他不是一个好皇帝，最后"归为臣虏"，"垂泪对宫娥"。封建王朝更替大多通过战争解决，一部"二十四史"记载了如此多的战争，反映了封建王朝的变迁史，这里蕴含着很多历史规律。

陈先达：是这样的，周朝都是姬姓的国家，容易做到和为贵，因为都是一家人。到战国就不是了，就要通过战争解决问题。是否承认历史规律，是历史唯物主义的生命线。历史规律是大尺度规律，需要数十年甚至上百年才能发挥作用，其中还可能出现反复。人们可以制定规则和规范，但不能制定规律，无论是力学规律、生命规律，还是历史规律，都不是人所能制定的。人可以创造历史，但不能创造历史规律，因为规律的客观载体不是人的实践活动，而是在社会实践中创造的社会关系。历史规律体现的是个人有意识和集体无意识的力量，是一种社会合力。比如说，私有财产制度是人创造的，但私有财产制度一旦产生，成为社会的经济基础，它的运行就要遵循规律，而不是按照人的愿望。历史规律不以人的意志为转移，以意志为转移的是人的活动，而人们在活动中形成的关系是按其规律运行的。

臧峰宇：当人们没有认识社会历史领域的规律时，就可能将其神秘化为天意，而当人们掌握了历史规律，就会使之作用于自由自觉的活动。正是在阅读和理解历史经验的过程中，我们感到深受教益。研究哲学不能离开哲学史，研究任何具体问题也不能离开具体的语境及其发生发展史。研究中国问题，就不能忽略中国历史的转折与重要坐标。思接千载、视通万里的历史研究要以历史唯物主义为指导，确立正确的历史分析方法，呈现深远的历史价值。历史价值在很大程度上表现为被意识到的历史的当代价值，正如一个民族的文化自信总是一种基于历史的自信。

陈先达： 历史规律在本质上就是社会运动规律，不存在脱离社会运动的历史规律，从一个特定时段考察的历史，就是社会；从连续性考察的社会，就是历史。关于社会矛盾运动的规律、阶级斗争规律、人在社会中的作用的规律，既是社会规律，也是历史规律，存在于社会现象的本质联系之中。规律有很多种，自然规律、社会规律、认识规律，其中有普遍规律，也有特殊规律。历史研究要呈现历史价值，历史价值也基于历史事实，历史研究主体的认识、价值观是随着时代变化而变化的，历史研究主体观察历史的视角可以变化，但历史事实是不能改变的，所以，对历史的价值判断不能取代对历史的事实判断。

臧峰宇： 是的，历史研究主体的价值观总会受到时代的影响，任何时代的历史学家和哲学家都受到其所处时代的现实的影响，对历史的选择和阐释也总会带有时代的印记。所以，有所谓"一切真正的历史都是当代史"的说法，这种说法强调历史研究的时代性，却模糊了历史事实的客观性，历史事实是确定的、既成的，但是对历史事实的理解与阐释体现了时代特点。承认这种时代性正是尊重历史的表现，历史阐释随着时代条件的变化具有不同的特点，但不会改变历史事实本身，也不会改变历史规律的本质。

陈先达： 这么说是对的，任何历史学家和哲学家的研究、观点、兴趣都不可能跳出自己的时代，或者说每个历史学家或哲学家所处的时代都是他的"当代"。历史研究总是为了满足现实需要，纯粹为了历史而做的历史研究有很强的局限性，其实也是不可能的。但是，我不同意克罗齐所说的"一切真正的历史都是当代史"，这在很大程度上否定了历史的客观性，也混淆了历史判断的当代性与历史事实的当代性。

例如，争论在中国历史上是秦始皇重要，还是孔子重要，是脱离历史条件的抽象争论。如果从历史上的中国的统一来看，秦朝当然起了无可替代的作用；如果从对中国文化的贡献来看，当然是孔子的贡献大。这是两种不同的尺度，不能简单类比评价。我们不能用普世价值的观点、用专制与民主二元对立的观点来评价秦始皇，正如我们不能简单地根据中国封建社会对孔子的过度政治化和工具化来评价真实的孔子的思想及其贡献一样。孔子被称为素王，其实是有王者之名而无王者之实的。中国封建社会结束了，儒学仍然存在，孔子的思想仍在传承。

臧峰宇： 孔子的政治理想与孔子的思想在封建社会被政治化不同，这正是理解孔子盛名的复杂性所在。今天，儒学研究不断走向世界，这表明孔子的理想仍然具有时代性。在历史长河中，真正具有推动力的是将理想转化为现实的实践，我们理解秦皇汉武这些历史人物，看重的往往是其睿智的判断力和坚定的意志力。马克思说过："人则使自己的生命活动本身变成自己意志的和自己意识的对象。"❶ 历史人物的意志力是令人敬佩的，体现了实践活动的高度自觉。"三军可夺帅，匹夫不可夺志也"，强调的就是意志的重要性。当然，还要考量历史人物的意志力与历史条件的制约性之间的关系，由此方能形成遵循历史规律的理解。

陈先达：这是一个关键的问题，人们的意志要真正获得自由，必须认识、利用和服从规律。一个国家需要国家精神，一个民族需要民族精神，一个人也需要个体精神。精神最直接的体现就是实践中的意志，意志的重要性是不言而喻的。意志包括非理性因素，但真正起积极作用的意志是理性与正确信仰的力量。人的意志是通过实践而凝集在人自身的创造物。历史人物的意志力固然重要，但是任何人都不能完全按照自己的主观意图创造历史，总要受到历史条件的制约，在现实的基础上实现。历史人物的意志体现的不是某种生物学的功能，而是社会性的凝集，因而生活在不同社会的人们总是会表现出不同的意志。

---

❶《马克思恩格斯选集》第 1 卷，人民出版社 2012 年版，第 56 页。

二

新时代的历史意识和历史思维

臧峰宇：人的思想总是具有历时性特征，任何试图摆脱历史的思考几乎都是不可能的。人们的精神世界充满历史基因，历史是未完成的存在，而所有完成的和即将完成的事实都要成为历史。在这个意义上，历史就是存在本身，没有历史意识的存在是成问题的。历史意识在很大程度上体现为对历史的问题意识，人们总要重新思考在历史事实中面向时代的问题。关于史实的评价难以定论，但人们总会在对历史问题的思考中得到启示，形成历史思维。这样，历史研究就在不同程度上体现为历史哲学研究。历史叙事因而总会体现某种历史观，历史记忆总会受制于人们的经验与反思。

陈先达：历史意识所指的大致是两方面内容。一方面，对历史问题的考察要有历史观点。就是把历史问题放在历史场景中考察，一切以时间、地点、条件为转移，这样就不会按照现代人的标准来要求古代人。另一方面，考察现实问题要具有历史意识。就是考察研究对象是怎么发展过来的，它的历史成因是什么，这就要把握历史规律。中国近代以来的重大历史事件都有其历史原因，1840年以来的历史事实激发了人们实现民族复兴的历史自豪感。历史意识其实就是历史思维方法，既包括对历史的唯物主义考察，也包括对历史的辩证法的考察。除了追求事实的真实性之外，人们的历史意识总是体现为对历史意义的审视。

臧峰宇：这种探究历史事实、审视历史意义的意识是人们对历史发展的现象与本质的认识，体现了以古鉴今的自觉。历史是一幅波澜壮阔的长卷，正是因为秉持历史意识，人类才不断从蒙昧走向文明。只有深刻理解历史经验，把握历史规律，才能更好地走向未来。习近平总书记指出："哲学是人类的智慧之学，历史是前人的实践和智慧之书。所以，各级领导干部要注重加强对马克思主义哲学的学习和对历史的学习。"❶这样才能把握世界历史进程中各种文明积淀的经验与智慧，才能深入思考中华民族的宝贵精神财富及其历史价值与现代启示，才能加深对近现代中国国情和中国社会发展规律的认识。

陈先达：习近平总书记强调对马克思主义哲学和历史的学习，强调掌握历史唯物主义基本原理和方法论。因为历史与现实不可分，历史是过去的事实，但它必然以不同方式体现在现实生活中，历史与现实之间的桥梁是传统，传统使历史与现实连贯起来。古话说："观今不鉴古，无古不成今。"历史不是用一种颜色绘制成的古代俄罗斯苏兹达里城的拙劣绘画，而是波澜壮阔、色彩多样的巨幅画卷。在今天强调历史意识和历史思维，就

---

❶ 习近平：《领导干部要读点历史》，《中共党史研究》2011年第10期，第6页。

是注重研究前人的思想与智慧，"择其善者而从之，其不善者而去之"，发挥历史资政育人的作用。在总结历史经验、认识和把握历史规律的过程中，要特别注意历史大变动时期，注意存亡兴替时的经验和教训。因为总结这个时期的历史，对我们找到前进的方向和动力，对改进实际工作都是大有助益的。

臧峰宇：所以说，"历史是最好的教科书"，是前人的"百科全书"和经验总汇。中国历史中有治国理政的丰富经验，一部"二十四史"涵盖政治、经济、文化、军事、天文、地理等诸多方面。作为"二十四史"之首，《史记》记述了中国古代三千多年历史中发生的社会变迁，对很多明君贤臣作出深刻评价，"通古今之变"，被鲁迅先生称作是"史家之绝唱，无韵之离骚"。与《道德经》《论语》等哲学经典一样，中国史籍中蕴含着丰富的治国理政的智慧，包括对成败、兴衰、安危、得失、荣辱的分析和归纳，也有很多规律性的判断。

陈先达：中国史籍中饱含丰富的文化知识与治国理政的智慧，从中可以感受到修齐治平的理想、海纳百川的胸怀、筚路蓝缕的精神、攻坚克难的意志、舍生取义的气概、自强不息的追求，读后令人深受启迪。我们党不仅承载着中国革命、建设和改革的责任，也在努力实现1840年以来有识之士徐图自强、光复旧物的愿望。现在我们的很多治理方式都注重吸收古代经验，当然要加以现代转化。例如，强调任人唯贤，不要任人唯亲，打破门阀制度，就是古代用人选贤的好传统。我们也强调历史上令人感佩的爱国主义精神，爱国主义是中华民族的优良传统。林则徐说过："苟利国家生死以，岂因祸福避趋之。"❶一个民族文化的精髓往往凝结为爱国主义精神，我们应当继承这个传统，发扬好这个传统。

臧峰宇：是的，阅读近代史，研究马克思主义哲学在中国的早期传播，就会强烈地意识到这一点。深受儒家思想影响的知识分子毅然选择马克思主义，抵御封建意识形态的影响，正是体现了修齐治平的担当精神，凝结着期待中华复兴的情感。近代以来，有识之士进行过很多尝试，其中体现着复杂的政治力量及诸多政治主张的较量与争论，直至"十月革命一声炮响，给我们送来了马克思列宁主义"❷，"中国人从思想到生活，才出现了一个崭新的时期"❸。从中可以深切感受到中国近代以来历史选择的必然性，旧式的自强运动、改良运动、农民斗争、资产阶级民主革命在中国都行不通，只有选择新民主主义革命。

陈先达：中国革命道路是历史的选择。当腐朽的清王朝走向衰亡，正是八国联军外族铁蹄践踏中国之际，封建社会的治理方式有很强的局限性，久历官场的官僚对上永远高度一致，对下要求永远唯命是从，这就很难

---

❶《林则徐全集》第6册，海峡文艺出版社2002年版，第209页。
❷《毛泽东选集》第四卷，人民出版社1991年版，第1471页。
❸《毛泽东选集》第四卷，人民出版社1991年版，第1470页。

推动社会进步。国运长短决定于当政者处理矛盾的政策，无论当政者如何英明，当社会矛盾积累到无法解决时，王朝就必然更替了，这时传统的思路与方法无力对抗社会规律。当马克思主义进入中国，更新了中国人的思维方式和价值观念，使人们的思想和生活进入了一个崭新的时期。当前，我们需要结合实际，加强对中国近现代史的研究，加强对党史、国史的研究。

臧峰宇：研究哲学与历史，做到学以致用，就要以我们正在做的事情为中心，对历史时期和历史人物作出符合历史的评价。关于改革开放前后两个时期的评价就是如此，习近平总书记强调，对改革开放前的历史时期要正确评价，不能用改革开放后的历史时期否定改革开放前的历史时期，也不能用改革开放前的历史时期否定改革开放后的历史时期。历史地看待这个问题就会发现，前者为后者提供了重要条件，后者是对前者的坚持、改革和发展。这也涉及理解历史的哲学观念，只有用历史的、实践的、辩证的观点看待改革开放前后两个历史时期，才能把握这两个时期的本质的必然的联系，才能尊重历史而不割断历史。

陈先达：是这样，只有用历史唯物主义观点看待改革开放前后两个历史时期，我们才能认识到这两个时期的连贯性，才能深刻理解中国特色社会主义是科学社会主义的理论逻辑与中国社会发展的历史逻辑的统一。当然，这两个时期的历史不是一帆风顺的，我们党经受了危难之际的考验，也在挫折之后奋起拼搏，带领人民经历了苦难辉煌，形成了中国特色社会主义的道路自信、理论自信、制度自信和文化自信。既不走封闭僵化的老路，也不走改旗易帜的邪路，在历史前进的逻辑中前进，在时代发展的潮流中发展，始终保持历史前进的正确方向，这与我们党长期强调对马克思主义哲学和历史的学习是分不开的。

臧峰宇： 从这个角度看，马克思主义哲学和在中国历史长河中形成的优秀传统文化是我们党与生俱来的文化基因，加强对党史、国史的研究，必须坚持历史唯物主义观点，运用历史思维和辩证思维看待历史事实。自觉坚持和运用历史唯物主义观点，就会在历史研究和实践探索中遵循历史前进的逻辑，把握历史发展规律，认识到历史观念是在社会存在的基础上产生的，历史意识在任何时候都只是被意识到了的存在。从而把握历史特别是中国近代以来的历史的实践逻辑，形成对改革开放前后两个时期的共性与差异的正确认识。

陈先达： 你说得对，我们党确实具有与生俱来的文化基因，就是马克思主义哲学和中华优秀传统文化。毛泽东说过："我们是马克思主义的历史主义者，我们不应当割断历史。从孔夫子到孙中山，我们应当给以总结，承继这一份珍贵的遗产。"[1] 要学习和运用好中华优秀传统文化，将其转化为中国特色社会主义制度文明。同

---

[1]《毛泽东选集》第二卷，人民出版社 1991 年版，第 534 页。

时，要掌握马克思主义哲学的思想方法和工作方法，按照历史规律和历史发展的辩证法思考问题。例如，当我们谈到中国文化基因，都知道其中有大一统的传统，但今天我们讲大一统，主要强调国家不能分裂，不是强调专制制度，而是强调在新的历史条件下的统一，关键是国家主权和领土不容侵犯。

臧峰宇：这样理解大一统，可以说正是体现了中国传统文化的创新性发展，实际上就是强调"主权在我"的观念。其实，这里也体现了中国文化的包容性和在历史中生成的力量。许倬云先生在《万古江河：中国历史文化的转折与开展》中说过："中国文化从源头的细流，长江大河一路收纳了支流河川的水量，也接受了这些河川带来的许多成分，终于汇聚为洪流，奔向大海。""随着历史的发展，中国文化的内容和中国文化的占有空间都不断变化：由以黄河流域为核心的'中国'，一步步走向世界文化中的'中国'。"[1]从这个角度理解大一统，就不会重复旧历史观，而在强调国家主权的基础上，将其理解为一种世界性的开放的观念。

陈先达：我是这么看的，中国在历史上是逐步形成的，春秋战国的时候，有很多诸侯国，北宋南宋的时候，有辽金夏元，这些小国都是在中国境内的不同政权，这些政权与后来的民族国家的意义不同，与苏联的

---

[1] 许倬云：《万古江河：中国历史文化的转折与开展》，湖南人民出版社2017年版，第ii—iii页。

联邦制也不一样。当大一统以后，就归为统一的王朝了。我们要承认，大一统观念对国家主权的巩固具有积极的作用，但这不是古代封建的大一统观念。我们强调中华民族共同体意识，就是强调形成民族历史文化联系、稳定经济活动特征和心理素质的意识，这当然也是一种历史意识。我们同时强调构建人类命运共同体，因为人类生活在一个地球村，共享一个人类的家园，这就体现了世界性的开放的观念。

臧峰宇：您这个看法体现了深厚的历史感，中国是在历史上逐渐形成的国家，大一统观念对统一的多民族国家的形成和发展起到了重要作用。很多古代观念在今天都需要重新界定，因为使用这些观念的文化环境和历史进程中的人都发生了变化，任何现实的观念都是处于一定的社会结构中的，为现实的个人理解和使用。所以，历史意识总是在不断更新，这是由变化着的社会存在决定的。历史对现代人来说往往是一个时间概念，历史、现实和未来是连贯起来的，体现出一种不是想象的而是现实的因果律。

陈先达：历史意识和历史观念当然是发展的。历史、现在和未来之间有现实的联系，没有过去，就不可能有现在；现在如何，也决定着未来如何。我们未来的前途，取决于我们现在走什么路。没有一个抽象的未来。习近平总书记强调"不忘初心、牢记使命"，不仅强调现在的态度，也包括未来的使命。未来不是想象的，而是在现实中一步步迈向的。历史、现在和未来之间的联系，最根本的体现为历史因果关系，历史研究必须重视因果性。没有研究历史的问题意识，就找不到恰当的因果关系，因果关系都是就具体的历史事件而言的。两次世界大战为什么爆发？日本为什么侵华？侵华之前为什么侵略朝鲜？为什么先有九一八事变，然后才有卢沟桥事变，然后才有南京大屠杀？这都是一环接一环的，其中就体现了因果关系。历史主体在实践活动中创造未来，历史主体的意识和社会存在都是变化的，体现为一种相互关系。所以，我觉得历史意识是一种历史方法论范畴，就是考察历史应有的态度。

臧峰宇：确实，我们应当将历史意识和历史思维理解为一种方法和态度。我们要有意识地研究历史这门必修课，将对马克思主义哲学和历史的学习连贯起来。只有这样，才能深刻地理解历史因果关系，因果关系和因果律都是历史的、具体的。我们要在历史语境中理解历史因果关系，在历史语境中深化对马克思主义哲学的运用。唐代魏徵说过："求木之长者，必固其根本，欲流之远者，必浚其源泉。"把握党史、国史的主题、主线、主流和本质，才能对我们国家百年来的历史形成规律性认识，这对我们正确评价历史人物、科学预见未来具有重要的启示意义。

陈先达：深刻理解历史因果关系，有助于我们正确理解历史本身，正确评价历史人物。习近平总书记在纪念毛泽东诞辰120周年座谈会上说过:"对历史人物的评价,应该放在其所处时代和社会的历史条件下去分析,不能离开对历史条件、历史过程的全面认识和对历史规律的科学把握,不能忽略历史必然性和历史偶然性的关系。不能把历史顺境中的成功简单归功于个人,也不能把历史逆境中的挫折简单归咎于个人。"❶ 简单将历史中的成败归于个人,就会陷入偶然性的泥淖。其实,分析各种历史事件的因果关系,就会找到历史的必然性,意识到各种突发事件的可理解性,依据历史规律判断历史走势,正确把握历史的偶然因素与历史的连续性,作出科学预见。

臧峰宇:从历史分析到现实研究再到科学预见,体现了哲学思考的长线逻辑。清代思想家龚自珍说过:"欲知大道,必先为史。"我们之所以强调尊重历史,在历史研究中寻找实践经验,是因为历史发展是有规律可循的,这种规律不是人为创造的。人的实践活动是创造性的,但历史规律是不以人的意志为转移的客观实在。面对纷繁复杂的历史现象,只有遵循历史规律,才能判断历史走势,作出科学预见。深入理解共产党执政规律、社会主义建设规律、人类社会发展规律,要走向历史的深处,更好地学习和掌握历史经验。

陈先达:历史上的突发事件是难以预测的,因为偶

---

❶ 习近平:《在纪念毛泽东同志诞辰120周年座谈会上的讲话》,《人民日报》,2013年12月27日。

然的事件不好预料，但历史趋势是可以预见的。龚自珍强调"出乎史，入乎道"，研究历史要有一个长线逻辑。我们研究历史，既要有乐观的态度，也要有忧患的意识，懂得居安思危，坚持底线思维。如果没有历史性的忧虑，也就没有未来。以古鉴今，方能未雨绸缪。历史研究领域的很多事情是复杂的，在这次疫情防控过程中，我们社会主义制度的优越性体现得很明显；但也要看到，封建观念和封建意识在全球范围内还在一定程度上存在。历史规律既体现普遍性，也体现特殊性。所以，历史不能简单类比，有些历史现象看起来具有相似性，实际的因果关系却可能千差万别。

臧峰宇：正如您所说，借鉴历史经验往往具有个体性差异，因为人们对历史的理解不同，评价和借鉴的思路就会有差别。历史上体现规律的事件反复上演，展现具有普遍性的历史命题，令人体悟社会形态变迁的原理与历史周期率，理解经济基础与上层建筑的矛盾运动。例如，马克思在《〈政治经济学批判〉序言》中指出："无论哪一个社会形态，在它所能容纳的全部生产力发挥出来以前，是决不会灭亡的；而新的更高的生产关系，在它的物质存在条件在旧社会的胎胞里成熟以前，是决不会出现的。"[1]纵览人类历史的长卷，总能感受到历史辩证法的力量，这些呈现历史规律的重要历史命题令人深思。

---

[1]《马克思恩格斯文集》第二卷，人民出版社2009年版，第592页。

陈先达：研究马克思在《〈政治经济学批判〉序言》中的这个命题，关键是要把握生产力与生产关系的矛盾冲突和经济基础与上层建筑的矛盾运动。革命总是爆发于对旧政权的反抗，而旧政权的腐败是革命者反抗的重要原因。宋朝中原政权败于北方的金人，无论从文化还是从生产力来说，宋朝肯定比金人的政权发达，可最终北宋灭亡，赵构南渡，偏安杭州。南宋居于江南富庶之地，最后亡于北方游牧民族。为什么？腐败！"山外青山楼外楼，西湖歌舞几时休。暖风熏得游人醉，直把杭州作汴州。"当然，当生产力落后的民族取得政权，还要采用并发展被征服者的文化和生产力，但这是取得政权之后的事，并不是前提。历史上"其兴也勃焉，其亡也忽焉"的事情反复上演。"秦人不暇自哀而后人哀之；后人哀之而不鉴之，亦使后人而复哀后人也。"历史告诉人们的道理确实深刻。

陆

学术自觉与马克思主义哲学中国化的百年探索

臧峰宇： 陈老师，2021年是中国共产党成立一百周年。百年来马克思主义哲学在中国广为传播，使中国人从思想到生活进入了崭新的时期。马克思主义哲学与中国具体实际和中华优秀传统文化相结合，形成了具有中国风格和中国气派的哲学理论形态，并不断增强中国哲学社会科学的学术自觉。当代中国马克思主义哲学的发展是与百年来中国现代化进程紧密联系在一起的，始终强调理论与实践相结合，这也使学术自觉具有鲜明的问题意识。以问题为导向，加强学术体系、学科体系和话语体系建设，使马克思主义哲学彰显了中国特色和时代精神。

陈先达： 中国共产党在百年奋斗征程中将马克思主义哲学同中国具体实际和中华优秀传统文化相结合作为马克思主义中国化最核心的内容，这不仅是一个理论原则，而且是一个实践原则。我们党经过二十八年浴血奋战夺取政权，新中国成立七十多年来探索走自己的路，始终坚持马克思主义中国化的理论与实践。一百年来，立足变化着的中国实际，坚持实事求是的思想传统，秉持科学的世界观和思维方法，解放和发展生产力，努力实现社会公平正义，倡导构建人类命运共同体，中华民族伟大复兴的百年梦想正在变为现实。在此过程中，马克思主义哲学研究彰显了学术自觉，形成了中国马克思主义哲学的学术体系和学科体系，不断丰富马克思主义哲学话语体系，实现了马克思主义哲学研究的综合创新。

一

建党百年与马克思主义哲学中国化

臧峰宇：这种综合创新既体现了中华民族的主体意识，也体现了开放性。具有实践品格的马克思主义哲学是伴随十月革命一声炮响来到中国的，它提供了一种新的世界观和思维方法，符合用科学世界观观察中国、改变中国社会现实的实际需要。这与其他社会思潮引入中国时的情形不同，因为这些思潮有的因为不符合中国实际需要而逐步消失。而马克思主义则日渐成为中国学术研究的主导思想，成为当代中国哲学的主流。我们知道，马克思主义哲学是开放的理论，它在进入中国之后与中华优秀传统文化的精华相结合，也在一定程度上借鉴了西方哲学的合理要素，在丰富自身理论形态的同时面向社会现实问题，以有效的原理与方法呈现了思想的现实性与时代性。

陈先达：是这样的，马克思主义哲学中国化的发展有两个特点，一个是马克思主义哲学由边缘成为主流，另一个是马克思主义哲学与中国哲学和西方哲学从相互排斥走向相互对话，并在一定程度上相互吸收、相互借鉴。由边缘到主流是在中国革命、建设和改革的进程中实现的，新中国成立前，毛泽东的《实践论》《矛盾论》已经代表了马克思主义哲学中国化的高超水平，但马克思主义哲学在整个社会生活领域中仍处于非主导地位，直到中国共产党取得执政地位，马克思主义哲学才从边缘走向主流，逐步确立在意识形态领域的主导地位。这是一个艰难的思想过程。马克思主义之所以能居于主流地位，最根本的原因在于其理论的真理性以及与中国实际情况和中国社会发展的实际需要相符合。

臧峰宇：马克思主义哲学更新了人们的思维方式，使人们重新审视日常生活中的实际问题，在实践中灵活运用一种与现实生活息息相关的哲学，这是其真理性魅力所在。当这种哲学原理与方法的有效性日益明显，运用就成为学习的目的之一，带着问题和运用的实际学习，不仅加速了马克思主义哲学的普及，而且增强了马克思主义哲学的实践自觉。正是在面向现实问题的探索中，形成了基于马克思主义哲学的若干分支哲学或应用哲学，具有明确的研究领域，拓宽了马克思主义哲学研究的问题域，凸显了面向问题的哲学思路与方法。

陈先达：马克思主义哲学在传入中国的早期，就为追求解放和进步的热血青年与进步知识分子所欢迎，艾思奇的《大众哲学》被人们广泛认同就体现了这一点。新中国成立后，形成了学哲学、用哲学的热潮，推动了马克思主义哲学教科书和马克思主义哲学普及读物的出版,当然,后来出现了马克思主义哲学教条化的某些倾向。关于真理标准问题的讨论之后,马克思主义哲学经典著作和基本原理都得到深入研究,也出现了政治哲学、价值哲学、文化哲学等研究领域或分支,对马克思主义哲学研究有了新深度和新广度,马克思主义哲学文本研究和现实问题研究都得到了深化,产生了新问题、新思路、新方法,出现了马克思主义哲学研究的新热潮。

臧峰宇:《大众哲学》是马克思主义哲学大众化的范例,新中国成立前有影响的哲学大众化读本还有沈志远的《现代哲学的基本问题》、陈唯实的《通俗唯物论讲话》、李仲融的《辩证法唯物论》等,艾思奇的《大众哲学》影响最大。新中国成立后,李达的《〈实践论〉解说》与《〈矛盾论〉解说》、冯契的《怎样认识世界》、潘梓年的《大家来学点儿哲学》等都促进了马克思主义哲学大众化,以马克思主义哲学基本观点研究中国哲学和西方哲学,强化了人们对历史唯物主义的理解,但在一定程度上存在对中国哲学与西方哲学理解不足的问题。哲学研究需要对话,马克思主义哲学、中国哲学与西方哲学对话是在改革开放之后开始的。

陈先达:马克思主义哲学与中国哲学和西方哲学的对话折射出社会发展和哲学视野的变化。虽说新中国成立前也有过科学与人生观论战、社会性质论战、反对全盘西化和本土化的文化保守主义的论战，但这些论战主要是对立和排斥的，很难说是一种相互借鉴的对话。新中国成立后前三十年，马克思主义哲学一枝独秀，中国哲学、西方哲学处于被忽视的地位。一些中国哲学、西方哲学大家的学术思想暂时处于无声状态。当然这也不利于包括马克思主义哲学在内的哲学的发展。真正的哲学对话发生在改革开放以后。中国传统哲学追求至善，强调诚意正心，西方哲学尚思辨、爱智慧，马克思主义哲学强调实践，以认识和改造世界为目的。中西马哲学对话和交流互鉴，有助于形成我们时代需要的哲学，使马克思主义哲学的守正创新原则更好地为社会主义现代化建设服务。

臧峰宇：马克思主义哲学在与中国哲学和西方哲学对话的过程中，体现了鲜明的学术特色，秉持问题意识和实践思维方式，马克思主义哲学研究者强调归纳与运用历史规律，把握社会发展的合力，重视探究促进社会发展的内因。我认为，百年来中国社会发展的实际需要与中华优秀传统文化创造性转化和创新性发展的需要，都是马克思主义哲学中国化的重要因素。马克思主义哲学为中国有识之士所选择并广为传播，是因为其适应了中国救亡图存的需要，马克思主义哲学实现中国化则必须形成中国文化性格，这就体现为与中国传统文化相融合并促进传统文化的现代化，使之具有科学理性观念和强调人民性的历史观。

陈先达：我们知道，历史是多种因素合力作用的结果。对于一个国家发展道路的历史合力来说，内因是主要的。内因既有历史因素又有现实因素，历史因素包括历史的各种成果的积淀，特别是中国的文化传统。这就涉及马克思主义哲学同中华优秀传统文化相结合的问题。社会主义中国是具有五千年历史的古老中国的当代存在，儒家学说对维护社会正常秩序具有重要的思想功能，儒学善于处理以宗法制度为基础、以血缘为纽带、以家庭为细胞的人与人的关系，其中的社会评价主要以道德评价为主线。马克思主义的革命学说、劳动价值论和科学社会主义理论强调推倒既有的社会秩序、等级、法统、道统，而不是维护既成的秩序。儒家的社会功能与马克思主义肩负的历史使命不同。儒学的内圣外王之道，不是中国革命胜利之路。中国革命需要马克思主义指导，但同样需要中华优秀传统文化。马克思主义要在思想和情感上为中国人民所接受，就必须植根于中国文化。

臧峰宇：其实，这种结合在一定程度上体现为文化的涵化，即一种文化对其他文化及其现实基础的适应过程。这就包括对差异的认识以及对同质性因素的接受与融汇创新。正如您所说，指导中国革命的是马克思主义，而不是儒家的道德观念与治理思路。马克思主义哲学同中华优秀传统文化相结合，实现了中华优秀传统文化的创造性转化和创新性发展，其前提应当是对以儒学为代表的中国传统文化的重新认识，并结合时代条件加以吸收和观念重塑。从中既要看到五四运动以来的中国文化传统与儒学传统的差别，也要看到中华优秀传统文化、红色革命文化与社会主义先进文化的内在贯通之处，由此方能更好地实现文化的繁荣兴盛。

陈先达： 强调马克思主义哲学同中华优秀传统文化相结合，不是简单地回归儒学传统，更不是独尊儒术。认识到中华优秀传统文化的价值，是珍爱中华民族的精神血脉和中华民族的文化之根，认识到中国马克思主义哲学可以从中国传统文化的精髓中得到思想资源、智慧和启发。重新理解在中华民族文化创建中具有至高无上地位的真实的孔子，是要恢复孔子作为中国伟大的文化整理者、创造者、思想家、教育家的地位。重新理解儒家学说，不是看重封建观念或看重论证等级制度的合理性、维护既定社会秩序的政治职能，而是重视吸取其中治国理政、道德教化的哲学智慧和人生伦理智慧，重视它对中华民族特性塑造的文化功能。

臧峰宇： 您指明了重新理解儒学的要义与实质。为封建社会所制度化的儒家观念在社会形态变迁的过程中被扬弃了，今天我们看重的是儒学中道德教化的思想和人生哲理，其中很多理想性的观念具有悠远绵长的价值。例如，"自强不息""厚德载物""己所不欲，勿施于人"，强调尊老爱幼、勤俭持家、知书达礼、见贤思齐、利济苍生，这些崇仁爱、守诚信、尚和合的观念对我们加强价值观教育仍有启迪作用。今天，我们要赋予中华传统美德以新时代风尚。传统文化的发展要面对外部环境的现实考验，往往随着时代变迁而实现自我超越。您谈到历史合力的内因之一是中国的文化传统，其二应当是现实因素吧？

陈先达：对，第二个就是现实因素。处理好改革开放以来的道德、信念、理想、价值观问题，加强软实力建设，必须重视中国的历史和文化遗产，重视中国传统文化尤其是儒家学说对中国社会结构、民族性格、人的思想和价值观念的深刻影响。同时要注意实现历史合力的内因中的现实因素，其中有三大因素是最重要的：一是中国共产党的领导。中国共产党及其杰出代表，既是合力形成的参与者，又是在历史多种可能性中进行关键选择的决策者。二是马克思主义中国化。正是马克思主义的传入及其中国化，克服了盲目复古和全盘西化等错误主张。三是近代以来，生活在水深火热中的中国人民对改变国家积贫积弱面貌的追求，对美好生活的渴望，以及无数为中华民族伟大复兴而流血牺牲的烈士。这是政党的力量、理论的力量、人民的力量。这些现实因素实际地促成了历史的合力。

臧峰宇：这三个现实因素汇聚了强大的合力。正是因为秉持马克思主义哲学立场、观点和方法，我们党善于抓住历史机遇、把握历史主动，提出因应时代变化的战略策略，不断推进马克思主义中国化，将人民对美好生活的追求作为奋斗目标。这个过程既体现了历史主体的目的性诉求，也体现了历史主体的意志力。中华民族徐图自强的探索，起初源自西方列强侵略的外部性力量与清王朝腐败的内部因素，先进知识分子在唤醒人民的过程中，以为有牺牲多壮志的豪情结束了封建中国的历史。百年来，我们党以马克思主义为指导，团结带领人民进行中国革命、建设和改革的征程，彰显了新的历史主体的伟力。

陈先达：理解中国百年来发展的历史合力，一定要重视内因。如果没有内在动力，任何外来力量都不能改变中国。不能仅仅把中华民族伟大复兴归为挑战和应战的外在动力论，没有马克思主义和中国共产党，没有广大人民的支持和无数英雄们的流血牺牲，就没有新中国，也没有从站起来到富起来再到强起来的历史进程。清王朝的腐败，帝国主义国家的侵略，中国先进知识分子的觉醒、人民的反抗，这些合力的作用注定了中国封建社会的解体，激起人们对中国向何处去的探索。马克思主义的传入，中国共产党的成立，杰出的革命家和思想家登上中国的政治舞台，产生了新的合力运动。这种合力不是腐朽的清王朝和种种守旧力量与帝国主义入侵者的合力，而是以马克思主义为指导的中国共产党与以帝国主义、封建主义和官僚买办资产阶级进行斗争而构成的新合力。中国出现了新的历史主体，就必然出现对新的发展道路的探索。

臧峰宇：新的发展道路是新的历史主体作出的历史选择，它体现了现代化的普遍性和中国发展的特殊性，反映了近代以来的历史大势和中华民族的人心所向，为发展中国家实现现代化提供了有益经验。这条道路体现了历史规律的决定性和历史主体的选择性，历史规律的决定性要通过历史主体的选择性来实现，历史规律形成和实现于历史主体的实践活动中。在社会主义现代化建设和改革进程中，实际促进了物质文明、政治文明、精神文明、社会文明、生态文明的协调发展，实现了工业化、信息化、城镇化、农业现代化的叠加发展，形成了国家治理体系和治理能力现代化的总体效应。

陈先达：新的历史主体接受了马克思主义，运用关于生产力和生产关系、经济基础和上层建筑的关系等基本原理观察世界和当代社会，对中国社会发展进程中的重大问题进行深刻的思考，并作出了历史的选择，走出了一条中国式现代化新道路。在革命时期，中国共产党处于攻势，主要是推翻旧中国和改变旧秩序，夺取政权。新中国成立后，作为执政党就要思考和解决国家治理、经济发展、人民生活、社会秩序、生态环境等现实问题，这就要在艰苦奋斗、徐图自强的同时，积极借鉴中华优秀传统文化和西方思想的精华，在不断总结经验和借鉴西方先进经验的过程中，推动中国特色社会主义事业蓬勃发展。

臧峰宇：马克思主义哲学同中国具体实际和中华优

秀传统文化相结合，是一个选择的过程。在中国革命、建设和改革进程中，马克思主义哲学观念与方法被用于实际地促进中国社会发展的实践探索。同中国具体实际和中华优秀传统文化相结合的马克思主义哲学适应中国特色社会主义事业的需要，在解析现实问题中满足了人们的精神文化需求，使人们逐渐形成认识和解决问题的辩证思维方法与科学理性精神。在这个意义上，马克思主义哲学实际上体现为一种大哲学观，研究中国发展道路与改革开放以来中国社会发展实践的时空压缩，研究中国式现代化的实践逻辑，都需要秉持这种大哲学观。

陈先达：我一直强调马克思主义哲学在中国特色社会主义建设中的重要地位，大概体现了你说的这种大哲学观。多年来，马克思主义哲学研究者对中国特色社会主义理论、道路和制度的阐述作出了重大贡献。或者可以这样说，马克思主义哲学在我国的"思想场"中多年来一直占据主导地位。思想领域不同于市场竞争，可以破产或可以退出，马克思主义必须在这个领域中利用自己的政治力量和理论力量处于主导地位，而不能让位于另一种非马克思主义思想体系，尤其是敌对的思想体系。因此，马克思主义不能简单迎合和适应市场的需求，而要体现为以自己的高质量和高水平的成果切近人们的思想和精神需求。应当用马克思主义哲学促进社会主义现代化事业，以社会主义市场经济促进社会主义先进文化事业的繁荣发展。马克思主义哲学理论工作者要直面社会难点和热点问题，要彰显哲学的现实性和解析现实问题的能力。我们的研究必须充分体现马克思主义哲学的本质与功能，为中国式现代化道路提供基本理论支持，充分体现它的批判性、革命性和创新精神。

臧峰宇：是的，如果按照"思想场"这种提法，马克思主义哲学早已进入中国的"思想场"，并已经成为中国理论。如果说百年前中国的有识之士选择马克思主义哲学并使之在中国广为传播，体现了现实趋向于思想的需要，那么马克思主义哲学进入"思想场"则体现了思想趋向于现实的需要。特别是在科技进步和经济发展高歌猛进的途中，人们一度质疑哲学的有用性。而中国马克思主义哲学则在扎根于中国大地的探索中呈现哲学的现实性力量。这种现实性探索彰显了问题意识，同时基于多年来深入的学术研究，以及不断开拓的研究方向与思路，体现为面对全球性问题提出的中国马克思主义哲学的合理主张。

陈先达：作为新中国成立后培养的马克思主义哲学工作者，我经历了改革开放前后两个阶段，经历了从计划经济到市场经济的转型。如何认识和解析社会主义市场经济条件下的一些现实问题，我经历了很长一段时间的思考。这与改革开放之前的思考不同，那时我们没有哲学研究的危机感，甚至没有深化理论研究的紧迫感，很多事情都是按照计划来安排的。改革开放以后，情况发生了很大变化，哲学专业一度从热到冷，思想文化领域出现了各种思潮，这都需要马克思主义哲学以自身的真理性、无可辩驳的实践力量证明自身的合理性与合法性。当然，多年来，当代中国马克思主义哲学取得了有目共睹的重大发展，不断生长出新的研究方向。越来越重视文本研究，越来越强调学术性，这些做法都是值得提倡的，但同时必须更重视哲学研究的现实性，这是马克思主义哲学工作者的社会责任和历史使命所在。

臧峰宇：作为一种改变世界的哲学，马克思主义哲学研究强调从实际出发，坚持问题导向，形成以实践为基础的研究方法，因而体现了现实性特质。如果着眼于马克思主义哲学实现的哲学变革，回到马克思主义哲学经典文本，理解马克思主义哲学的思想逻辑与理论范式，就会深刻意识到它的学术性，感到理解马克思的思想并不容易。我认为，彰显马克思主义哲学的现实性的前提，是进行深入的哲学基础理论研究，完整理解马克思主义哲学基本原理，并在经典文本研读中进一步深化。今天，解析社会生活领域的现实问题，需要大哲学观和富于实际的研究方法。现在关心哲学的人们多了起来，人们自觉运用哲学思考复杂的现实难题，在一定程度上实现了哲学与自然科学和社会科学的融合，这也有助于创造哲学研究的高质量成果。

陈先达：是的，马克思主义哲学研究要创造高质量研究成果。作为立足现实的马克思主义哲学工作者，既要加强哲学基础理论和经典著作的研究，也要把现实问题作为理论研究的内在推动力。中国现代化进程为马克思主义哲学研究注入了新的活力，也提出了许多新的哲学问题，这些问题需要马克思主义哲学工作者作出富于实际的回答。在我看来，中国现代化进程的新形式，是通向社会文明新形态的道路，它既要借鉴西方现代化的成就，又要吸取教训。这是个世界性的理论问题，发现、研究和解答这些问题，越来越需要马克思主义哲学的思路与方法。你说得对，由于现实需要，现在关心哲学的人们又多了起来。我认为真正的哲学研究不是孤芳自赏式的，或成为少数学者之间的彼此欣赏，那样只能使哲学之路越走越窄。我们要从社会主义市场经济的理论和实践中提炼哲学问题，创造性地推进和发展中国马克思主义哲学，撰写具有中国特色的马克思主义哲学著作。

臧峰宇： 马克思颠倒了传统形而上学的思维方式，确立了历史唯物主义的新世界观。马克思主义哲学面对和解决的是社会历史领域的大问题，是人们在日常生活中关心的现实问题。对这些问题的审视和深思不是书斋中的空谈，也不是"茶杯里的风暴"，这种思维方式确实实现了哲学变革。正如您所说，中国现代化进程中的问题需要马克思主义哲学工作者作出富于实际的回答，这样的研究是用于解决真问题的，因而其目的不是孤芳自赏。为了更好地解决问题，马克思主义哲学研究关注变化着的现实，采用易于为人们所理解的话语表达实践中的沉思，也倡导学术对话和合作，因而是一种开放的理论体系。

陈先达： 马克思主义哲学是人类哲学史上的一次重大变革，它的思想地平线至今是不可逾越的。毛泽东在延安时期就说过，我们"坚信马克思主义的正确性……可是，我们信奉马克思主义是正确的思想方法，这并不意味着我们忽视中国文化遗产和非马克思主义的外国思想的价值"❶。我们必须在开放的视野中丰富和发展当代中国马克思主义哲学。这就要打破学科壁垒，加强中西马哲学对话。马克思主义是一个综合的理论体系，从来就不设学科壁垒，倡导合理运用各学科的思想和方法解决现实问题。这也关乎学风和文风的问题。在书斋里不闻窗外事的研究不是马克思主义倡导的学风，马克思主义哲学研究既要立意高远，也要脚踏实地，注重思想表达为人们所理解和接受，不要说些不知所云的空话，而要在哲学研究中面对现实问题，回应人们的需要，使人们一卷在手、欲罢不能，才是理论研究的真水平。

臧峰宇： 这样的真水平反映了马克思主义哲学的理论特质，这是它的思想地平线至今不可逾越的根本原因。回首马克思主义哲学在中国的百年历程，就会看到它满足了中国革命、建设和改革的实际需要。我们党是以马克思主义为指导建立起来的，按照中国的特点运用马克思主义基本原理，在实际工作中"有的放矢"，自

---

❶《毛泽东文集》第三卷，人民出版社 1996 年版，第 191 页。

党遵循历史规律和历史发展的辩证法，以历史思维和历史意识把握历史趋势，彰显了马克思主义的真理性力量。以史鉴今，总结和运用历史经验，我们党强调走自己的路，走中国式现代化新道路，在创新探索中开创事业发展新局面，这对当代中国马克思主义哲学研究也有重要的启示意义。

陈先达：加强马克思主义哲学研究，要深刻理解党史。中国共产党走过了百年的光辉历程。一百年的党史是一本大的历史教科书。一批"我以我血荐轩辕"的中国最早的马克思主义者们，在嘉兴南湖的小船上筹建了中国共产党。他们是播火者，是中国的希望。中国共产党是中国革命、建设和改革开放各项事业的领导核心，这是当之无愧的，是得到全中国人民拥护、得到世界有识之士认可的。中国共产党善于总结经验，善于总结自身的经验和世界社会主义的经验。向世界证明了一个真理，要以马克思主义为指导，以人民为中心，开创新的历史进程。走自己的路，是我们全部理论和实践的立足点。中国现代化道路是中国马克思主义哲学研究的沃土，这体现为对人类文明新形态的创造，在这个过程中提出的很多马克思主义哲学命题和范畴都体现了我们的文化传统、现实探索和时代精神。

臧峰宇：我们党历来倡导学习和掌握马克思主义立场、观点和方法，倡导研读马克思主义哲学经典著作，形成正确观察问题的思想方法和有效解决问题的工作方法。在中国式现代化新道路上创造了人类文明新形态，结合时代条件和实践要求，坚持问题导向的马克思主义哲学研究不断深化，形成了新概念、新范畴和新表述，彰显了学术研究的主体性和时代性。今天，马克思主义哲学研究者要进一步树立哲学自信，进一步研究中华优秀传统文化，进一步研究现代化问题。这就要以大历史观解读近代以来中华民族苦难辉煌的过去、日新月异的现在，展望中华民族光明的未来，感悟马克思主义的真理力量和实践力量。

陈先达：确实，需要从大历史观的角度看待我们的发展道路。在新时代，在以习近平同志为核心的党中央领导下，我们在反腐、脱贫等各方面都取得了重大成就。我们党立足新发展阶段，贯彻新发展理念，构建新发展格局。队伍越来越纯洁，社会主义制度的优越性越来越显现，治理能力越来越科学化、现代化。只要我们毫不动摇地坚持中国共产党领导，全国人民胸怀报国之志、攻坚克难之心，就一定能建成社会主义现代化强国，就一定能实现中华民族伟大复兴的中国梦。我想这也是当代中国马克思主义哲学研究的自信，有这样的哲学自信，我们就能进一步发展当代中国马克思主义哲学，使之同中国具体实际和中华优秀传统文化进一步结合，用以解析我们遇到的发展道路上的新问题，提出中华民族解决当今全球性问题的内在主张。

二

当代中国马克思主义哲学的实践逻辑

臧峰宇： 马克思主义哲学同中国具体实际和中华优秀传统文化相结合体现了一种哲学自信，彰显了马克思主义哲学的中国文化性格，在此过程中，马克思主义哲学的学术体系、学科体系、教材体系都得到丰富和发展，形成了与时俱进的中国马克思主义哲学话语。马克思主义哲学的发展处于进行时，以问题为导向，在解析现实问题的过程中持续创新。正是因为面向时代发展进程中的现实问题，回应人们的现实关切，当代中国马克思主义哲学随着社会发展不断实现理论创新，使马克思主义哲学的每一种表现都带有中国的特性，回答中国社会发展进程中的具体实际问题，形成了一种体现中国风格和中国气派的实践逻辑。

陈先达： 马克思主义哲学是马克思主义理论的总开关，作为一种开放的理论体系，马克思主义哲学变革并没有结束，而总是根据现实不断发展和创新。只有结合中国实际，不断实现发展和创新，才能真正创造具有中国特色、中国风格、中国气派的中国马克思主义哲学的学科体系和学科内容，真正提高我们的马克思主义哲学研究水平。在当代中国，马克思主义哲学创新的根本之路，就是走马克思主义中国化、时代化和大众化之路。

中国化，就是提出、研究和回答中国问题；时代化，就是提出、研究和回答时代问题；大众化，就是提出、研究和回答群众最关心、最需要回答的问题。说到底，就是要立足国情、关注世情、熟悉民情，要回答中国问题、时代问题、群众问题。这样我们才能真正成为马克思主义哲学与中华优秀传统文化的创造者和传承者。

臧峰宇： 是的，马克思主义哲学随着时代发展而创新。马克思主义哲学研究应当具有明确的问题意识，深入研究时代问题并彰显时代精神，形成规律性认识。当代中国马克思主义哲学要立足中国国情，回答中国问题，以我们正在做的事情为中心，实现理论创新。大众化体现了马克思主义哲学的本质规定，具体表现为以实践的思维方式抓住事物的根本，使人们掌握哲学原理和方法以提高实践效能。要以体现时代精神的方式说理，阐明现实问题的实质，在日常生活面前彰显实践的原则高度。实现马克思主义哲学中国化、时代化、大众化，要加强马克思主义哲学基础理论研究，也要加强马克思主义哲学经典文本研究，更要深刻认识马克思主义哲学的理论生命力与实践创造力的关系问题，这是马克思主义哲学发展的内在需要。

陈先达： 你知道，我反对将马克思主义哲学研究概念化和纯粹文本化之类的做法，这不是说要无视哲学概念或忽视哲学经典文本研究，而是说哲学研究要在此基础上真正面对现实问题。马克思主义哲学的本质与功能，它所肩负的历史使命，要求马克思主义哲学必须立足现实，面对时代，为捕捉当代世界和当代中国的问题提供具有世界观和方法论作用的哲学视角。马克思主义哲学与现实相脱离，无异于自我放逐和自我边缘化。马克思主义哲学研究不能虚化，不能脱离实际生活。离开物质资料生产及其形成的各种社会关系，就不可能真正理解哲学问题。我们应该结合科技的新发展，面对复杂的现实，推进马克思主义哲学原理研究，把中国特色社会主义建设中的问题上升为哲学理论，解答人们关心的实际问题。

臧峰宇：加强马克思主义哲学文本研究与将马克思主义哲学经院化是两个不同的问题，回到经典文本，根据新材料和新思路研读经典，体现了马克思主义哲学研究的一种学术自觉。当然，这不同于将马克思主义哲学研究概念化，按照某种经院哲学的方式研究马克思主义哲学，是与马克思主义哲学的实质背道而驰的。越是深入研读马克思恩格斯哲学文本，就越能深入理解马克思恩格斯的治学方法，他们总是将深入研究得出的结论用于解析现实问题。正如您所说，脱离实际生活、离开现实问题，马克思主义哲学就会边缘化或自我放逐，这样的哲学也就不再是马克思主义哲学。当今时代有很多复杂的实际问题迫切需要哲学解答，迫切需要马克思主义哲学"出场"和"在场"，马克思主义哲学仍然是我们时代的哲学。

陈先达：就是这个道理，文本研究与将马克思主义哲学经院化是两个不同的问题。作为变革现实的哲学，马克思主义哲学研究不能走经院哲学家的道路，闭门注经或面壁虚构，而应该把马克思主义哲学研究看成是实践活动的一个不可分割的组成部分，使哲学研究发挥实际的社会效用。但马克思主义哲学研究不能缺乏学术性，这就要加强马克思主义哲学原理和原著研究，研究的目的仍然是解决我们时代的现实问题。自马克思主义传入中国以来，在中国革命、建设和改革实践中，马克思主义哲学的作用集中表现为世界观和方法论。我们从毛泽东关于中国革命对象、动力、阶段、途径、方式的分析，从毛泽东对中国革命和战争的战略和策略的分析，对不同时期形势与任务的分析，都能深切体会到马克思主义哲学世界观作为分析方法的巨大威力。

臧峰宇：发挥马克思主义哲学的世界观和方法论的作用，实际上是一个深刻的学术问题，体现为一种基于实践的系统认识。将马克思主义哲学公式化或做某种过于简单化的理解，我认为是对马克思主义哲学最严重的误解，尚处于对马克思主义哲学知之不多的状态。深化马克思主义哲学原理研究，基于对马克思主义哲学原著的深入研读，走近马克思主义哲学的深处，就能感到实践的思维方式和历史唯物主义的特质，就能理解为什么马克思主义哲学至今是不可超越的。马克思主义哲学的生命力不仅体现为强调问题意识和面向现实的研究态度，而且因为其深厚的学术性，马克思主义哲学的学术性和现实性是内在一致的。

陈先达：我觉得哲学研究面对的是问题，哲学中的问题是形而上的，不同于科学和现实中的具体问题。将马克思主义哲学的学术性和现实性融为一体，就要注意研究问题中的哲学，研究科学探索和现实问题中蕴含的哲学问题。这些都不是直接的哲学问题，而是需要在学术研究中捕捉的问题。哲学中的问题只有来自问题中的哲学，才是有生命力的、有现实性的哲学问题。我说过，当代中国的马克思主义哲学研究者，要想真正有所成就、有所创造，必须立足现实，把问题中的哲学变为哲学中的问题。这是最重要的学术自觉，只有真正解决当代中国的哲学问题，才能切实推进当代中国马克思主义哲学的发展。

臧峰宇：确实，真正解决当代中国的哲学问题，是马克思主义哲学研究最重要的学术自觉。我最近关注马克思主义哲学同中华优秀传统文化相结合的问题，关注社会主义现代化进程中的哲学问题。马克思主义哲学同中华优秀传统文化相融相通，是马克思主义在中国具体化的文化前提。应当看到五四运动以来的新文化与中国传统文化之间存在的差别，也要看到中华优秀传统文化、革命文化与社会主义先进文化的融通之处，中华文化发展是一脉相承且与时俱进的历程。中国式现代化道路体现了马克思主义同中国具体实际以及中华优秀传统文化相结合的时代品格，在这条道路上形成了一种新文明观，深刻回答了人类文明向何处去的重大时代问题。这种新文明观体现了马克思主义哲学的时代精神，在中国现代化进程中赓续中华民族五千年的精神血脉，为中国式现代化实践提供了深厚的思想滋养。

陈先达： 你关注的这两个问题都很重要。关于第一个问题，我最近几年写了一些拙文，阐述马克思主义和中国传统文化的关系，也谈到了中华民族文化的基本精神与中国传统文化的当代价值。我强调站在社会形态更替的高度，审视马克思主义和中国传统文化的关系，历史地看，只有以马克思主义为指导，才能实现救亡图存，使中华民族走出落后挨打的状态；只有继承中华优秀传统文化，马克思主义才能在中国取得胜利。理解这个问题，也与你关注的第二个问题，也就是中国现代化道路有关。中国选择什么道路，中国向何处去，不仅关系到中华民族的命运和全体中国人民的切身利益，也会改变世界政治格局和大国之间的力量消长。道路的特点是实践，中国道路就是中国人的实践。中国人对道路的选择与中华优秀传统文化有关，这种选择和实践也涉及中华优秀传统文化的创造性转化与创新性发展。

臧峰宇： 您关于马克思主义和中国传统文化的系列文章富含理论深度和文化力度，读后令人感到浓郁的文化自信，从根本上说是对马克思主义哲学和中华优秀传统文化的自信。文化发展既不能割断传统，又总是随着时代发展而实现对传统文化的创造性转化,在这里确实要有一个文化更替的视角。从历史唯物主义角度看,文化的创造性转化与社会发展息息相关。中国式现代化新道路是几代中国人在实践中探索出来的,是面对中国具体实际逐渐展开的选择和跋涉,是文明发展之路、共同富裕之路和文明进步之路,由此形成了一种文明新形态,从中可见社会主义制度的优越性,可见中华民族的历史主体意识。

陈先达:文化更替来自社会更替,文化的命运与民族的命运密不可分,社会主义制度的建立是中国历史上几千年未有的大变化,这必然反映到文化领域,即建设社会主义先进文化。创造性转化是正确处理马克思主义与中国传统文化关系的枢纽,必须坚持历史唯物主义方法论原则。马克思主义是中国革命、建设和改革的指导思想,中华优秀传统文化是中华民族的精神血脉,不能非历史地争论二者孰优孰劣,或做高下抑扬之类的区分,应当研究马克思主义中国化的文化内涵。传入中国的马克思主义为中国人提供了审视中华传统文化的科学态度,使我们辨别精华与糟粕,处理好传承与创新的关系,通过与实践结合重新阐释与时代相适应的中国优秀传统文化,在守正创新中坚定文化自信。

臧峰宇:中国式现代化新道路是马克思主义同中华优秀传统文化相结合的实践场域,社会主义现代化建设需要与之相适应的文化建设。处理好传承与创新的关系，就要深刻理解时代条件的变化，理解人们的思维方式和价值观念的变化。马克思主义哲学为中华优秀传统文化的创造性转化和创新性发展提供了思想方法，也在此过程中"化"为中华文化的重要组成部分。这就要不忘本来、借鉴外来、面向未来，根据实际情况，形成适应时代发展要求的文化形态，中国的现代化探索正是通过在实践中总结经验不断完善的，这里有一个文化和实践发展的辩证法。

陈先达：不同道路之争中包含不同文化之争。因为时代不同、社会制度不同、文化传统不同，现代化道路不会是从一个模子里刻出来的。社会发展永远都是立足现实、背靠传统、关注未来，而不是相反的。继承和发扬文化传统不是回到过去，借鉴西方发展经验也不是全盘西化，中国特色社会主义道路的核心是马克思主义中国化。"化"就要彻头彻尾、彻里彻外，就要推动理论创新和实践创新。从历史辩证法角度看，我们不可能详细地绘制出一个不需要修改、完善、调整的中国社会发展的规划图，而要根据实际情况不断调试。在中国现代化道路上，我们取得了很多成绩，也遇到不少问题，很多问题是未曾预料的。因为我们在探索一条新的现代化道路。这就要不断总结经验，不断探索规律，并在现代化实践中验证或调整。

臧峰宇：现代化发展有一个普遍性和特殊性的关系问题。基于历史条件的多样性，实际表现为各国选择发展道路的具体性。当历史越来越成为世界历史，现代化进程中的大工业和普遍交往就成为必然趋势，马克思在《共产党宣言》中对此做过深入阐释。中国式现代化道路是基于中华文明的内生动力作出的自主选择，体现了苦难辉煌的实践探索与精神历程，这种符合中国国情的实践创造体现了普遍性和特殊性的辩证关系，为发展中国家实现现代化提供了有益经验。

陈先达：中国的现代化选择与西方的影响有关，我们是后发国家，现代化发展晚于西方国家，这是事实，但我不认为中国现代化只是由外生动力推动的。只要了解马克思主义哲学基本原理，就知道外因是条件，内因才是根据。中华民族积蓄了几千年文明的内在力量，走现代化道路是中国社会发展的应有之义，或者说是中国历史发展的内在要求。将中国现代化看成是简单的外力决定的结果，是一种错误的历史观，好像中国现代化应该感谢西方的殖民侵略。应当看到，中国式现代化新道路有一个文化底蕴，就是百余年来历经劫难而九死未悔的中华文化精神。我们的现代化没有殖民，没有掠夺，而有这种底蕴深厚的文化精神，有与各国互利共赢的愿景，有构建人类命运共同体的中国方案。

臧峰宇：是的，中国式现代化新道路体现了中华文明的内在力量，是内因和外因共同作用的结果，其中内因起决定作用。这条道路是一种和平崛起之路，与零和博弈等陈旧的思维方式不同，强调实现互利共赢和文明交流互鉴，倡导构建人类命运共同体。中国方案和中国道路具有内在关系，中国方案是在中国道路上形成的，中国道路让马克思主义同中国具体实际相结合，使马克思主义的普遍真理在中国具体化。马克思主义在中国具体化，彰显了马克思主义的中国风格和中国气派，在同中华优秀传统文化相结合的过程中创造了马克思主义的中华民族形式，推动中华优秀传统文化实现创造性转化和创新性发展。

陈先达：是这样的，马克思主义在中国现代化进程中的实际运用是具体的，同中国具体实际和中华优秀传统文化相结合的马克思主义具有中国的历史特点、民族特点和文化特点，同时具有世界意义，因为它提供了一种不同于西方现代化的发展道路。回顾百年来我们党领导人民走过的奋斗历程，我是很有信心的，因为我看到，一个曾经备受西方列强压迫和侵略的民族，一个曾经落后于西方发达国家的民族，依靠艰辛跋涉和矢志不渝的探索，建立了与自己的民族特点相符合的社会主义制度和现代化道路，现在比历史上任何时期都更接近中华民族伟大复兴的目标。因此，要进一步坚定道路自信，中国式现代化的成功探索已经表明中国方案是成功的，是有说服力的，我们为发展中国家实现现代化提供了全新的选择。

臧峰宇：您的信心源自对社会主义现代化发展前景的一种规律性认识。马克思曾指出东方国家在世界历史进程中走现代化道路的必然性，以及探索与西方国家不同的路径实现现代化的可能性，即世界历史进程中不同民族的现代化发展道路是具体的。只用几十年的时间，中国就走完了发达国家几百年走过的工业化历程，创造了经济快速发展和社会长期稳定的奇迹，这两大奇迹顺应历史潮流，反映了中国和时代发展进步的要求，体现了马克思主义的中国特色与中华文明的时代特征。以共同富裕为重要特征的中国式现代化并非旨在达到西方现代化的某种标准，而要塑造超越资本现代性的文明新形态。

陈先达：这是关键的问题，我们党成功领导人民走出了中国式现代化新道路，强调中国式现代化以共同富裕为重要特征。党的十九届六中全会强调坚持唯物史观和正确的党史观，从党的百年奋斗中看清楚过去我们为什么能够成功、弄明白未来我们怎样才能继续成功，更好地发展中国特色社会主义。我们谈过，理解历史要有一个长线逻辑，要在中华民族5000多年的文明史和世界社会主义发展500年的历史视野中理解我们党领导人民走过的百年奋斗历程，就能理解为什么说走自己的路是我们党全部理论和实践的立足点，是实现中国式现代化的必然选择。实现共同富裕，是社会主义的本质要求，这要通过在社会主义现代化进程中消除贫困来实现。社会主义现代化建设坚持人民主体地位，展示了马克思主义的强大生命力，这与西方现代化道路是完全不同的。

臧峰宇：确实如此，坚持唯物史观和正确的党史观，在中华民族5000多年的文明史和世界社会主义发展500年的历史视野中理解党的百年奋斗历程，方能深刻把握马克思主义中国化的实践形态和理论形态。中国道路是实现中国式现代化和中华民族伟大复兴的必由之路。研究中国式现代化新道路，应当深入理解马克思主义基本原理同中华优秀传统文化相结合的内在机理，深入理解现代化的普遍性与特殊性，也要自觉促进哲学与其他学科相结合，这是以问题为导向的研究的实际需要。我们最近提出"哲学+"的人才培养理念，这也是一种学术研究思路。因为以问题为导向的研究必然要求协同创新，需要加强哲学与其他学科的对话与合作，这也是哲学发展的内在需要。

陈先达：我们党从确立社会主义制度开始，就把逐步实现工业、农业、国防和科学技术现代化作为奋斗目标，现在正在实现国家治理体系与治理能力现代化。中国式现代化的内涵不断深化，发展社会主义市场经济，发展社会主义协商民主制度，建设中国特色社会主义民主制度，倡导建设生态文明，社会主义现代化建设取得显著成就。这条道路是我们自己探索出来的，符合社会主义发展规律，体现了我们的文化自信。在新时代，我们要在为祖国和人民立德立言中实现价值，为党和人民述学立论、建言献策。以问题为导向从事跨学科的哲学研究，就是你说的"哲学+"，实现哲学与其他学科合作，形成交叉学科、新兴学科研究成果，不是"为哲学而哲学"，而是在哲学研究中追求真理，为繁荣和发展哲学社会科学贡献我们的力量。

参考文献

[1]《马克思恩格斯全集》第一卷，人民出版社1995年版。

[2]《马克思恩格斯全集》第三卷，人民出版社1960年版。

[3]《马克思恩格斯全集》第四卷，人民出版社1958年版。

[4]《马克思恩格斯全集》第十二卷，人民出版社1962年版。

[5]《马克思恩格斯全集》第3卷，人民出版社2002年版。

[6]《马克思恩格斯文集》一至四卷，人民出版社2009年版。

[7]《马克思恩格斯选集》1—4卷，人民出版社2012年版。

[8]《马克思恩格斯论中国》，人民出版社2018年版。

[9]《毛泽东选集》一至四卷，人民出版社1991年版。

[10]《毛泽东文集》第三卷，人民出版社1996年版。

[11]《毛泽东哲学批注集》，中央文献出版社1988年版。

［12］习近平:《在纪念毛泽东同志诞辰 120 周年座谈会上的讲话》,《人民日报》,2013 年 12 月 27 日。

［13］习近平:《领导干部要读点历史》,《中共党史研究》2011 年第 10 期。

［14］习近平:《在哲学社会科学工作座谈会上的讲话》,人民出版社 2016 年版。

［15］陈先达:《漫步遐思:哲学随想录》,中国青年出版社 1997 年版。

［16］陈先达:《哲学心语:我的哲学人生》,北京师范大学出版社 2007 年版。

［17］陈先达:《回归生活:哲学闲思录》,北京师范大学出版社 2008 年版。

［18］陈先达:《散步·路上——我与学生聊哲学》,中国人民大学出版社 2014 年版。

［19］陈先达:《我的人生之路——陈先达自述》,中国人民大学出版社 2014 年版。

［20］王国维:《静庵文集》,辽宁教育出版社 1997 年版。

［21］《林则徐全集》第 6 册,海峡文艺出版社 2002 年版。

［22］《鲁迅全集(编年版)》第三卷,人民文学出版社 2014 年版。

［23］《鲁迅全集(编年版)》第八卷,人民文学出版社 2014 年版。

［24］许倬云:《万古江河:中国历史文化的转折与开展》,湖南人民出版社 2017 年版。

[25][德]爱克曼辑录，朱光潜译:《歌德谈话录》，人民文学出版社1978年版。

[26][英]马林诺夫斯基著，费孝通等译:《文化论》，中国民间文艺出版社1987年版。

[27]李秋零编译:《康德书信百封》，上海人民出版社1992年版。

后记

本书收录的六篇文字是陈先达先生和我关于马克思主义哲学研究的谈话录，每篇谈话内容是按照主题整理的。谈话缘起于2016年初，此前14卷本《陈先达文集》由中国人民大学出版社和北京师范大学出版社出版，我在阅读过程中有些心得体会与陈先生交流，那个午后我们聊得非常畅快，陈先生在回忆自己学术道路时谈的很多见解耐人回味。我随即征求陈先生意见，想将与陈先生的谈话录音并整理出来，陈先生慨然应允。于是，就有了题为"马克思主义哲学时代化与历史深处的哲学心语"的第一篇谈话录，内容主要是围绕陈先生从教六十年潜心治学的历程展开的，当年发表在《江海学刊》。

后来，我们围绕"以问题为导向的哲学探索与新时代哲学的现实关注""文化自信与新时代中国文化发展的哲学沉思""文化的实践转化与制度文明的时代建构""历史科学的前提与历史思维的时代性""学术自觉与马克思主义哲学中国化的百年探索"进行了多次交谈，就有了发表在《党政干部学刊》《理论与现代化》《中央社会主义学院学报》《马克思主义哲学》《马克思主义与现实》上的五篇谈话录。这些谈话录中的任何一篇都不是一次完成的，其中第二篇在一定程度上也与陈先生的治学经历有关，大致谈了三次。后面几篇则是在多次谈话中完成的，有的是在我读过陈先生新近发表的文章或出版的新著之后，有的是在校园里遇到陈先生散步，在陪陈先生散步的路上谈起的。虽说每次谈话的内容都很丰富，但大致还是围绕每个明确的主题展开的，在关于一个主题的谈话整理完成之后才开始另一个主题的讨论。

陈先生85岁以后身体依然健朗，生活很有规律，但毕竟已经年迈，我注意每次谈话时间不宜过长，通常在一个半小时之内，但有时谈话也会超过三个小时。陈先生旁征博引，有时声情并茂，很多哲学问题在谈话中走向历史的深处，又从历史深处走来。我们大多数时候都是在陈先生家里讨论问题，房间里到处都是书、报刊和他刚完成的文章的打印稿，聊到某位思想家的名言，可以直接查找原著为引文确证。谈话间，师母不时送水果和花生，这些时刻真是令人难忘。我们虽有将这些谈话整理发表的计划，但并没有明确的时间表，有时谈着谈着就转向另一个我们都很感兴趣的话题，然后又适时地回到主题。当午后的阳光照在我们身上，他的眼中闪现着矍铄的光芒，映射着历史的厚重感。

"老骥伏枥，志在千里"，陈先生在暮年仍然笔耕不辍。在《人民日报》《光明日报》发表了十余篇头版头条或整版文章，阐述"马克思主义与中国传统文化""论文化自信的底气""文化自信中的传统与当代"等重要理论与现实问题，他富有激情的思想是青春的模样。陈先生熟习五笔字型，他在电脑上敲字的速度可以跟上他思想的节奏。在每篇谈话录整理之后，陈先生都要在电脑上逐字过目，在电子版上做些微调。对于我在谈话时的提问，陈先生大部分直接回答了，而且说得很透，既有深入的理论阐释，也有很多来自历史和生活实际的例子。对有些问题没有直接回答，有些问题比较大，一时也不好说清楚，陈先生说还要再想想。他是认真的，后来他对有的问题专门写了理论文章。近水楼台，我把这几年与陈先生的谈话看作是难得的学习时光，也很庆幸自己遇到问题能及时向陈先生请教。

  访谈和对话作为一种文体，能够相对灵活地传播谈话的内容，使思想的交流有真实的在场感。在陈先生的著述中，有两种常见的文体，一个是学术论文，另一个是学术随笔，二者大致各占一半篇幅。我们的谈话录是在这两种文体之外的，既非媒体采访式的报道，也非正襟危坐式的谈经论道。我将其视为一位年长的马克思主义哲学耆宿和一位青年马克思主义哲学学者的谈话，既有谆谆教诲，也是平等交谈。与陈先生的谈话是探讨式的，有时他谦虚地说自己对现在很多事情不了解了，其实他的思想一直与时代同步。他的微信使用得非常娴熟，对重要新闻和网络热词了如指掌。他经常问我，对有些新闻事件和马克思主义哲学原理，青年教师和年轻学子们怎么看。有时他明确提出加强马克思主义哲学教育的思路，有时也感到有些忧虑，这些自然都转化为我们谈话的问题意识。

陈先生年长我48岁，我们都属马，都研究马克思主义哲学。老马识途，陈先生对当代中国马克思主义哲学的理论特质的理解富有历史视野和现实关怀，其中很多看法并非仅从哲学思辨层面阐述的，而体现了一种源自大历史观的宽广眼光。对陈先生的有些观点，我并不完全理解。但我很认同他思考问题的实践逻辑，以及他阐述理论时保持的文化立场，从中形成了理解中国式现代化新道路与民族复兴的内在主张。其中关于文化自信的传统与新时代哲学的现实性、何以将中华优秀传统文化转化为中国特色社会主义制度文明、历史思维与唯物史观的方法论自觉等方面的谈话都有未尽之意，对很多问题的理解还在进一步思考的途中。学无止境，研究对象和研究方法既已明确，就留待以后进一步探赜了。

在本书即将付梓之际，谨对在上述学术刊物发表我们谈话录的各位编辑师友致谢，其中有些因发表时篇幅所限而省去的文字在收入本书中恢复原貌。感谢中国人民大学"中央高校建设世界一流大学（学科）和特色发展引导专项资金"项目支持。本书的出版得到河北人民出版社的大力支持，特别感谢荆彦周总编辑，正是他耐心的等待和精心的策划编辑，使我们尽早完成本书现有的内容，也对未来进一步增订具有了哲学的期待。

臧峰宇

2021 年孟冬

于中国人民大学人文楼